Diogenes Taschenbuch 162

Walter E. Richartz

Vorwärts ins Paradies

Aufsätze zur Literatur und Wissenschaft

Diogenes

Erstausgabe

Alle Rechte vorbehalten
Copyright © 1979 by
Diogenes Verlag AG Zürich
60/79/8/1
ISBN 3 257 20696 8

Inhalt

Besuch bei Thoreau
oder
Die Natur wirklich wahrnehmen

Es gibt in Neu-England mindestens drei größere
Orte mit Namen Concord, und man muß am
Information-Schalter der Bostoner Grey-
hound-Station schon genauer sagen, wo man hin
will. Ich sage also: Massachusetts. »Also Concord-
Mass«, sagt der Mann. »New-Englander-Line,
zweite Haltestelle«. »Concord-Mass«: Der indianische Name des Staates ist scheints auch für
Amerikaner nicht ganz leicht auszusprechen. –
Die Fahrt geht über die Autobahn. Die Haltestelle für Concord ist weit außerhalb des Ortes,
vor Howard-Johnsons Motel, in dem ich mich
notgedrungen einquartiere. In der Stadt selbst
gibt es nur ein einziges kleines Hotel, die »Colo-
nial Inn«, und das ist immer voll. Von Concord
sieht man von hier aus nur dürftiges Gehölz, den
Uferwald des Sudbury River – eines der vielen
Gewässer, die die ersten Siedler und Biberfänger
hierhergelockt haben.

Zum Frühstück in Howard-Johnsons – Soft

Music und Orange Juice in dem mit patriotischen Insignien ausgestatteten Rustikoraum – hört man nichts wie Geschäftsgespräche. »Na gut, wir kaufen sie euch ab.« »Ich glaube, das Geschäft wird laufen.« »Ist das der Preis den I h r wollt, oder der Preis den w i r zahlen?« »Wir müssen einen Markt dafür finden.« – Wie gut, Henry Thoreau, daß du das nicht hörst. – Was würden aber diese Geschäftsleute sagen, wenn ich ihnen ein wenig Thoreau zitierte: »Etwas getan zu haben, wodurch du n u r Geld verdient hast, heißt in Wirklichkeit, gefaulenzt zu haben.« »Die Wege, auf denen du Geld machst, führen ausnahmslos nach unten.« – Ich weiß, was sie sagen würden: »Crackpot« – »Spinner«. Genau wie damals.

Henry David Thoreau hat sein Leben lang, von 1817 bis 1862, mit der Ausnahme des Studiums in Harvard und einigen Wochen sonstiger Abwesenheit, in Concord gewohnt. Er war einer, der zumeist im eigenen Kopf reiste. Aber was machte er eigentlich sonst? Der Einsiedler vom Walden-See, Autor des Buches darüber: *Walden oder Leben in den Wäldern,* und auch des Essays über den *Ungehorsam gegen den Staat* – er ist heute weltbekannt. Aber das Einsiedlerleben und das Schreiben »kostete« ihn drei oder vier Jahre seines Lebens, mehr nicht. Was machte er mit dem Rest?

Das Zentrum von Concord ist etwa 3 km von dem Motel entfernt – kein Problem für einen Fußgänger; und es muß doch wohl noch immer eine Gegend für Fußgänger sein, wie zu Thoreaus Zeiten – jedenfalls hoffe ich das. Ein Führer, den ich mir kaufte, heißt »Walking around Concord«.

Ich wandere auf der Elm-Street nach Osten. Beiderseits ein krautiges, sumpfiges Niemandsland, kleine Brücken über Bäche, Krüppelholz. Es gibt keinen Fußsteig, Autos zischen von vorn und hinten, ich gehe in einer langgestreckten Staubwolke. Hin und wieder muß ich mich springend auf die Grasnarbe retten. Kein Mensch ist zu sehen.

Nach einem Kilometer, hinter Bäumen, die ersten Häuser – Holzhäuser meistens, weitläufig, weiß oder hellgrau geschindelt. Manchmal Jahreszahlen: 1822, 1836. Auf einer Brücke überquere ich den Sudbury-River, der breit über die Ufer getreten ist. Viele Bäume bis halb an die Krone im Wasser: die Hinterlassenschaft dieses schneereichen Winters. Ecke Elm-Street/Thoreau-Street wird der Verkehr so dicht, daß es nur mit Mühe gelingt, die Straße zu überqueren. Ich schwanke zwischen Lachen und Fluchen. Die einzigen anderen Menschen zu Fuß: ein Paar Kinder, die auf ihren Schulbus warten.

An der Einmündung der Sudbury-Street die Public Library – die Öffentliche Bibliothek – stattlich, mit vielen Säulen und griechischem Giebel. Ich trete ein. Eine wohltuende, ovale Eingangshalle tut sich auf, ein desk in der Mitte, Information, Ausleihe, Karteien. Ringsum braune Bücherwände bis hinauf zur Kuppeldecke, davor die Büsten der Geistesgrößen von Concord. Auf einem Pult liegt eine extragroße Ausgabe von Henry Thoreaus *Journal*. Jeden Tag wird eine auf das Datum passende Eintragung aufgeschlagen.

»28. März 1853: Meine Tante Maria drängte mich, ich sollte *Das Leben des Dr. Chalmers* lesen, was ich ihr aber nicht versprach. Gestern, am Sonntag, hörte ich durch die Wand, wie sie meiner Tante Jane, die taub ist, zuschrie: ›Stell dir vor! Heute stand er eine halbe Stunde und hörte sich das Quaken der Frösche an, und las einfach nicht *Das Leben des Dr. Chalmers*‹!« – Das Zitat, der Zufall des Tages, bietet uns, die wir Ohren haben zu hören, gleich den ganzen Mann: seinen trockenen Sinn für Komik. Die Familiensituation – Thoreau, das lebenslange Kind zu Hause. Der Reformtheologe Chalmers, der so sehr empfohlen wird, steht für die fortwährende puritanische Suche nach der ehrlichen Ur-Religion. Thoreau aber lauscht der Predigt der Frösche!

»Wenige Erwachsene«, hat Ralph Waldo Emerson mal geschrieben, »können die Natur wirklich wahrnehmen. Thoreau gehörte zu ihnen.« Vielleicht war er einfach nicht erwachsen? – Jedenfalls hatte er einen anderen, weiteren Naturbegriff als den üblichen. Er sah in der Natur die »andere Zivilisation, mit umfassenderen, großzügigeren Gesetzen«, und mit einer eigenen Sprache, deren Ausdrucksvermögen wir kaum ahnen können. – Als er seine Exkursion in die wilden Wälder von Maine unternahm, empfand er den kalten Wind, der dort wehte, »wie den Luftzug einer sich schließenden Falltür – der Tür zum Keller einer Vergangenheit, die unserem Bewußtsein längst entschwunden ist.«

Diese »Tante Maria« übrigens – war das nicht die Tante, die den störrischen Henry damals, 1846, aus dem Gefängnis ausgelöst hatte? Er hatte seine Steuer nicht bezahlt, bzw. nur e i n e bestimmte S t e u e r, die Wahlsteuer, und er weigerte sich auch weiterhin zu zahlen. Deshalb wurde er ins Gefängnis gesperrt – für eine Nacht. – Das war alles. Das war sein »gewaltloser Widerstand«. Eher ein Schildbürgerstreich

11

als eine Demonstration – und doch: wie folgen-
reich. Es gibt einem wieder zu denken. Es ist ein
Beispiel im alten Streit über die Wirkung von
Worten.

In der Bibliothek finde ich endlich auch Literatur über jenen absonderlichen »Lord« Timothy
Dexter, den Thoreau in seinem Essay *Leben ohne
Prinzipien* erwähnt. Es ist ein Buch von Irving
Wallace *The square Pegs – Some Americans who
dared to be different.* Sagen wirs so: *Die Quer-
köpfe – Amerikaner, die das Anderssein wagten.*

Das Zentrum von Concord ist eine Straße, oder
vielmehr das Ende davon: »Main-Street« – wie es
sich in Amerika gehört. Etwa 500 m lang. Viele
der Häuser sind alt, oder sehen so aus. Die Buchhandlung macht gerade auf, eine weißhaarige
Buchhändlerin schiebt ihre Kollegin, eine ge-
lähmte alte Dame, mit ihrem Rollstuhl in den
Laden. Schräg einander gegenüber liegen Redak-
tionsbüros und Druckwerkstätten der beiden
Zeitungen ›Concord Journal‹ und ›Concord
Patriot‹: Zwei Zeitungen, in einer Stadt von
3000 Einwohnern. Sie erscheinen wöchentlich einmal. Das Postamt sieht wie ein Tempel aus –
wie in vielen amerikanischen Städten: Ein Tempel mit dreieckigem Giebel und Säulenportikus.
Am Ende der Main-Street, gleich nach Brighams

Ice Parlor, ein querliegender langgestreckter Platz: monument-square; »monument«, das bezieht sich auf die Denkmäler der »battle of Concord«, des ersten Gefechtes des Unabhängigkeitskrieges, im April 1775. Damals hatten die Engländer gehört, daß die Siedler-Miliz, die sogenannten »Minutemen«, in Concord militärische Vorräte gelagert hatten: Pulver und Blei, Gewehre, Mehl und Salzfleisch. Ein Corps wurde geschickt, um die Vorräte – ein Zeichen geplanten Aufruhrs – zu vernichten. Die Minutemen stellten sich zum Kampf an der Nord-Brücke über den Concord-Fluß. Die Briten erlitten Verluste und flohen. Die Entscheidung zum bewaffneten Aufstand der Siedler war gefallen.

Die North Bridge ist zu besichtigen – ein gewölbtes Holzbauwerk, wie ein Schiffsrumpf. An ihrem West-Ende steht das Bronzedenkmal eines Minuteman, in einer Art Räuberzivil mit Flinte. Es waren alles Bauern und Handwerker, jederzeit bereit, die Waffe aus dem Schrank zu holen. Minutemen. Heute hat das Wort eine andere Bedeutung bekommen. Es ist der Inbegriff der Weltangst.

Ein paar Schritte von der Brücke, in diesem lockeren Mischwald, der die ganze Stadt umgibt, ist noch ein anderes »monument« zu sehen: The

Olde Manse – das grau geschindelte alte Pfarrhaus. Von hier aus verfolgte der Pfarrer William Emerson angstvoll das Gefecht auf der Brücke. Sein Enkel Ralph Waldo Emerson, der hier einen großen Teil seiner Jugend verbrachte, wurde zu Thoreaus Zeiten der bekannteste der Intellektuellen von Concord, und das Haupt der Transzendentalisten; das war ein Debattierclub von philosophischen Naturschwärmern, in seinen Vorstellungen denen heutiger Hippiegemeinden nicht unähnlich. Nach dem Tod des alten Emerson wurde Ezra Ripley der Pfarrer im Olde Manse; er war der Vater des Sozialreformers George Ripley, an dessen Land-Kommune »Brookfarm« fast alle prominenten Transzendentalisten direkt oder indirekt beteiligt waren: Theodore Parker, Margaret Fuller, Bronson Alcott, William und Ellery Channing – und nicht zuletzt Nathaniel Hawthorne, der vorher auch ein paar Jahre im alten Pfarrhaus gewohnt und geschrieben hatte; nicht umsonst heißt eine seiner Prosa-Sammlungen *Mosses of the Olde Manse*. Concord war eine kleine Gelehrtenrepublik, und ihre Bürger waren auf vielfache Weise miteinander verbunden, durch gemeinsame Projekte, Geselligkeit, und durch Intrigen. Nur Henry Thoreau hielt sich fern. Er wanderte lieber.

Das »Antiquarian House«, das Museum für historische Interieurs, hat nach der Winterpause gerade wieder aufgemacht. Am Verkaufsstand für Museumssouvenirs gibt es Postkarten, die die 200-Jahrfeier auf der »Northbridge« zeigen: Viel Volks in »Minutemen«-Kostümen, davor Präsident Ford am Rednerpult – ohne Kostüm. Daneben liegt eine Broschüre aus, die sich ausschließlich mit den Mißhelligkeiten bei der 100-Jahrfeier auf der Brücke befaßt, im Jahre 1876, als Präsident Ulysses S. Grant, der Kriegsheld, infolge stürmischer Regengüsse, zusammenbrechender Zelte und allgemeiner Konfusion zu keiner offiziellen Verlautbarung kam.

Im Museum wird man von sanft rosa und sanft blau gekleideten, strengen alten Damen geführt. Man hat die genaue Darstellung der Funktionsweise des alten Kamin-Zubehörs geduldig anzuhören. Die Konstruktion des Ohrensessels hat etwas mit den undichten Fenstern zu tun: Lehne und »Ohren« hielten den Zug ab. Emersons Studio ist mit einer Kette abgesperrt. Und das Mobiliar von Henry Thoreaus Blockhaus kann man nur durch eine Glasscheibe betrachten.

Das Blockhaus war ordentlich möbliert. Ein Tisch, ein Schreibpult, ein Bettgestell mit einer sehr wirksam aussehenden Drahtfederung, drei Stühle. Thoreau hatte etwas gegen überflüssigen Besitz, aber was man brauchte, das brauchte man. Er sagte: »Niemand ist so arm, daß er auf einem Kürbis sitzen muß.« Da waren noch ein paar andere Gegenstände, die mich stärker fesselten. Thoreaus Flöte. Auf ihr zu spielen, war eine seiner Lieblings-Vergnügungen. Es ist ein schönes, ungewöhnlich großes Instrument – es muß einen satten, tiefen Klang gehabt haben. An der Wand hängen die geflochtenen Schneereifen: »Ich bin Aufseher der Schneestürme«, sagte er mal von sich. Und auf dem Schreibpult eine kleine, farbige Tonplastik: Ein Schwarzer sitzt auf einem Holzstumpf, an seine Brust lehnt sich ein Kind, das er streichelt und zu trösten scheint. Was hatte es wohl damit auf sich? Die blaurosa Dame erklärt es mir gern. Ein entflohener Sklave hatte die Plastik gemacht und Thoreau geschenkt: Er war ja ein Helfer der Organisation »railroad«, die für den Schmuggel von Sklaven über die Grenzen der Südstaaten nach Norden und ins sichere Ausland sorgte. Thoreau beschreibt einen solchen Fall in seinem Journal.

»1. Oktober 1851: Habe eben einen entflohenen Sklaven, der den Namen Henry Williams angenommen hat, in die Bahn nach Kanada gesetzt. Er entkam letzten Oktober in Stafford County, Virginia; war dann eine zeitlang in einem Kaffeehaus in Cornhill; hatte über einen Makler mit seinem Besitzer korrespondiert, der zugleich sein Vater ist; wollte sich loskaufen – sein Herr und Vater verlangte 600 $, er konnte jedoch nur 500 aufbringen. Hörte, daß Steckbriefe erlassen seien auf zwei Williams', welche Flüchtlinge seien, erfuhr, daß die Polizei nach ihm gefragt hatte. Floh also gestern zu Fuß nach Concord. Er wohnte bei uns und blieb im Haus, bis genug Geld für seine Weiterreise gesammelt war. Ich wollte ihn eigentlich mittags nach Burlingtin fahren lassen, aber als ich zum Depot die Fahrkarte kaufen ging, sah ich einen, der aussah und sich benahm wie ein Bostoner Polizist, sodaß ich es zu d e r Zeit nicht riskierte.«

Die Tagebuchnotiz vermittelt viel vom Greuel der Zeit: »Vater und Besitzer« – was für ein explosiver Zusammenhang! Welches Neurose-Potential! Sie vermittelt auch etwas von der Angst und von der Unbotmäßigkeit im Neu-England der Abolitionisten. Noch gab es ja Bundesgesetze zum Schutz der Sklavenhalter! F. B. Sanborn, Thoreaus gelegentlicher Wandergenosse und späterer Biograph – ein aktiver Abolitionist –, wurde in Concord einmal auf offener Straße von zwei Bundes-Agenten gekidnappt, und dann, auf seine Hilferufe hin, von den Nachbarn befreit.

Thoreau selbst verhielt sich, vor allem zu Ende der Fünfzigerjahre, in der Anti-Sklaverei-Bewegung viel radikaler, als bei seiner berühmten Steuerverweigerung. Er war tief in die guerillaähnlichen Aktionen des Sklavenbefreiers John Brown verwickelt, er half ihm bei der Beschaffung von Waffen und schützte Browns Leute vor der Polizei. Als Brown nach dem Überfall auf »Harper's Ferry« 1859 gefangen und gehenkt wurde, war Thoreau der erste, der öffentlich – auf dem monument square – trauerte und zornig Stellung nahm. – Und doch: Auch in dieser Frage, wie überhaupt in seinem sozialen Engagement, verhielt er sich widersprüchlich. Manchmal sagte er, es ginge ihn alles nichts an. »Was das Gutes-Tun betrifft«, schreibt er einmal, »so habe ich da ein paar Dinge versucht – jedoch, wenn es auch seltsam klingt: Es befriedigt mich, daß es nicht zu meiner Veranlagung paßt.« Thoreau gibt uns viele Rätsel auf.

»Wo kommen Sie her«, fragt die eisengraue Hüterin des Lyceums, der eigentlichen Thoreau-Gedenkstätte in Concord: »Von Boston? – Oh, Henry wäre das Stück zu Fuß gelaufen. Er lief

überallhin zu Fuß!« – Die Dame steht mit Henry
auf vertrautem Fuß. Während sie die eher küm-
merlichen Erinnerungsstücke des Museums zeigt,
erweist sie sich als dessen ergiebigstes Inventar.
Was gibts zu sehen? An den Wänden hängen
Zeichnungen und Gemälde von Thoreau-Fans,
Phantasiebilder der Hütte, seines Lebens im
Walde, oder, leicht heroisch: Young Henry, vor
hellgrün durchleuchtetem Laub, die Axt schwin-
gend. Unter Glas einige Backsteinsplitter vom
Kamin des Blockhauses, ein Ahornblatt, auf das
Schwester Sophia Thoreau ihr Lieblingsgedicht
von Henry geschrieben hat. – Es war diese
Sophia, die nach Thoreaus frühem Tod seine
strenge Nachlaßverwalterin wurde, und durch
gezielte Veröffentlichungen aus diesem Nachlaß
den ersten Anstoß zum Ruhm ihres Bruders gab.
   Die eisengraue Dame spricht energisch gegen
die Vorstellung von Thoreau als einem solipsisti-
schen Eigenbrötler. Der Familie gegenüber, zum
Beispiel, sei er immer loyal gewesen. Er habe
regelmäßig in der Bleistiftmanufaktur des Vaters
mitgearbeitet – sogar während er am Waldensee
wohnte. Wenn eine große Bestellung eintraf, sei
er rasch in die Stadt gekommen, um zu helfen.
   Die Manufaktur hatte zunächst kaum Erfolg,
man krebste so herum. Henry Thoreau hatte

dem Vater dann erklärt, woran das lag: Die Qualität der Stifte war schlecht, die beiden Hälften, aus denen sie zusammengeleimt waren, brachen auseinander, und die Grafitmischung der Mine taugte nichts. Henry beließ es nicht bei der Kritik, der setzte sich in die Bibliothek von Harvard und las nach, wie die Europäer ihre Bleistifte machten. Dementsprechend verbesserte er die Grafitmischung. Außerdem erfand er ein Verfahren, feine Löcher in das Holz zu bohren, in welche die Minenmasse eingepreßt wurde. Die Stifte waren nun aus einem Stück. – Der Erfolg blieb nicht aus. Thoreaus Bleistifte galten bald als die besten im Land, man bezahlte bis zu 25 c pro Stück. Die Familie kam zu Wohlstand. – Also Henry Thoreau als der typische Yankee-Businessman? – Nein nein. Es wurde ihm bald wieder lästig. Die eisengraue Dame wäre fast übers Ziel hinausgeschossen.

Dann stehen wir hinter dem Lyceum, im winterbraunen Garten. Dort hat man die Blockhütte nachgebaut, haargenau nach den Angaben, die Thoreau in seinem Buch gemacht hat. Ein adrettes Bauwerk, Dach und Wände mit Holzschindeln geschuppt, mit einem Backsteinschornstein am Ende – fast wie eine Kapelle. Wir treten ein. Wir schauen, wie die Sonne durch die Nachbildung des

Fensters schräg über die Nachbildung des Bettes auf die Nachbildung des Schreibpultes fällt. Es ist durchaus wohnlich, mit Speicher und Keller, alles sauber verputzt – der rustikale Kamin, bzw. seine Nachbildung, direkt gemütlich. Ein Besucher neben mir sagt: Um die Jahreszeit, im März, ging er raus und fing an zu roden. Ich habe plötzlich ein ungutes Weihegefühl und kehre zurück ins Museum.

»Am 4. Juli 1945 grüßte die früh aufsteigende Sonne Concord-Mass mit einem Panorama ihrer kostbarsten Färbungen, die durch den wolkenlosen Himmel sichtbar wurden« – mit dieser kostbaren Wortmalerei beginnt ein gewisser Roland Wells Robbins eine Beschreibung der Hundertjahrfeier des Walden-Experiments. Wir erinnern uns: Thoreau hatte, der Bedeutung seines Vorhabens durchaus bewußt, das Blockhaus im Wald am US-Nationalfeiertag des Jahres 1845 bezogen. Was aber weiter – wenn auch etwas hymnisch – von Robbins berichtet wird, war mir neu: die Wiederentdeckung des Standorts der Einsiedelei.

Thoreau hatte gut zwei Jahre dort gewohnt, und die Hütte dann an den Bauern Hugh Whelan verkauft. Der hatte sie unverzüglich abgerissen und alles Baumaterial benutzt, und schon wenige

21

Jahre später konnten selbst Freunde Thoreaus den genauen Standort nicht mehr angeben. Mehr symbolisch und unpräzise wurde 1872 von Bronson Alcott ein Mahnmal aus zusammengetragenen Feldsteinen in Seenähe errichtet, von Thoreaus wachsender Jüngerschaft besucht und mit weiteren Steinen bedacht. Mr. Robbins aber, während er der Centenarfeier am Steindenkmal beiwohnte, erinnerte sich der Angabe in *Walden:* »12 Ruten vom Ufer«. Wieviel eine »Rute« war, wußte er nicht genau, aber soviel war klar: Dies konnte der Ort nicht sein; Mr. Robbins beschloß, den Ort durch detektivisches Quellenstudium und Grabungen genau zu ermitteln. Ende 1945 hatte er es geschafft: er stieß auf Thoreaus Kaminfundament. In seinem Buch *Discovery at Walden* beschreibt er es haarklein und belegt es durch Detailfotos. Wir können es ihm wohl glauben.

Neue Besucher sind im Lyceum eingetroffen, und es ist von Thoreaus Musikliebe die Rede. »Wenn er Sophia Klavier spielen hörte, kam er meist herunter von seinem Studio, um zuzuhören; es wird sogar berichtet, daß er tanzte.« Die Lyceums-Dame hebt ein wenig den Fuß, als wollte sie es vorführen, läßt es dann aber. Sie erzählt, daß man Henrys Flöte, die ich vorher gesehen habe, wieder instand setzen und eine

Aufnahme mit seinen Lieblingsmelodien darauf machen will. Melodien, die er, wie es in *Walden* heißt, vom Boot aus, bei Mondlicht, den Fischen vorspielte.

Was geschah eigentlich mit den Indianer-sachen, fällt mir nun ein: Unter all den stückich-ten Einzelteilen unter Glas sieht man nicht eine einzige indianische Pfeilspitze; dabei wissen wir, daß Thoreau davon eine große Sammlung besaß. »Gute Frage«, lobt die Lady. »Die Indianer-sammlung ist in der Fruitlands-Farm, wo dieser junge Mann herkommt«, und sie weist auf einen Lockenkopf, der mir schon vorher durch bohrend-naive Fragen aufgefallen ist. Fruitlands-Farm – auch so ein geschichtsträchtiger Name. Die Farm war eine weitere der vielen frühsozialistischen Land-Kommunen der Thoreau-Zeit. Also waren Reste von ihr noch vorhanden. – So viele Lebens-reformer, und noch immer hat sich nichts gebes-sert.

Was aber den Indianer-Aspekt betrifft: Das ist auch so eine fast mystische Thoreau'sche Beson-derheit. Schon ganz am Anfang seines Tagebuchs ist davon die Rede:

»29. Oktober 1837: John und ich hatten nach indianischen Relikten gesucht, und es war uns gelungen, zwei Pfeilspitzen und ein Pistill zu finden, als wir an einem Sonntagabend, den Kopf voll mit Vergangenheit und ihren Spuren, zur Mündung des Swamp River Baches wanderten. Als wir uns dem Hügelkamm näherten, der eines der Ufer bildet, wurde ich von meinem Thema hingerissen und brach in eine extravagante Lobrede auf jene wilden Zeiten aus, wobei ich zur Veranschaulichung heftig gestikulierte. ›Hier auf dem Nawshawtuct-Hügel‹, sagte ich, ›war ihr Lager, der Treffpunkt des Stammes, und drüben auf dem Clamshell-Hügel war ihr Festplatz. Hier auf dem Kamm stand der Wachtposten. Und hier‹, rief ich: ›hier stand Häuptling Tahatawan, und da ist Tahatawans Pfeilspitze!‹ Wir hockten uns auf der Stelle hin, auf die ich gezeigt hatte, ich grub scherzeshalber einen Stein aus, auf den ich in meiner Laune die Hand gelegt hatte – und siehe: Er erwies sich als eine ganz vollkommene Pfeilspitze!« – Thoreau befand sich in einem elementaren Einverständnis mit den Ureinwohnern Amerikas. Er schrieb: »Man könnte sagen, es regnete Pfeilspitzen, denn sie liegen auf der ganzen Oberfläche Amerikas. Sie sind ausgesät wie Korn, und jede trägt in mir eine Gedankenfrucht. Es ist Menschlichkeit, die ins Gesicht der Erde gegraben ist. Eine Fußspur – besser: eine Geistspur, die allerorten hinterlassen wurde. Es sind keine fossilen Knochen, sondern gewissermaßen: fossile Gedanken, die mich an den Geist erinnern, der sie bildete.«

Immer wieder ist es die Ding-Sprache, die Thoreau fesselt. Alles, was ist, bedeutet etwas. Auch das Surren der Telegrafendrähte. Es gibt Zeichen, die alle Wesen verstehen. In den Maine-Wäldern wanderte Thoreau mit einem indianischen Führer, und wunderte sich, daß dort keine der urtümlichen Caribous mehr zu leben schienen. Der Indianer zeigte auf einen Baumstumpf, die Spur des Holzfällers: »Darum«, sagte er, »ging das Caribou. Es mag nicht Stumpf – der macht ihm Angst.«

In Brighams Icecream Parlor an der Main-Street schmeckt das Eis nach Spülmittel. Es hat eine Konsistenz wie jene unsägliche Plastikmasse »Slime« – der Schrecken der Schulklassen. Aber der Mann hinter der Theke mit dem grellen Brigham-Käppi hat ein rotbäckiges Apfelgesicht, und die Schüler, die an den Kunststofftischen sitzen und löffeln, sehen robust und fröhlich aus. Amerika ist so leicht nicht unterzukriegen. Ich kann nicht aufhören, über die amerikanische Mischung von Dekadenz und Urtümlichkeit zu staunen. Hier ist ein Grund-Widerspruch, wie er auch in Henry Thoreau war.

Ich bin noch einmal zur Cambridge Turnpike gegangen, zu dem Haus, in dem Ralph Waldo Emerson gewohnt hat. Ein großes, weißes Holzhaus mit vielen Erkern, Ahnungen von gediegener Wohnlichkeit durch die kleinteiligen Scheiben – aber es ist geschlossen. Emerson war immer etwas exklusiv, etwas zu fein für Thoreaus Geschmack. »Einer, der sich zu gut ist«, sagte er mal, »einen Schubkarren durch die Straßen zu schieben«. Und doch waren sie aufeinander angewiesen. Emersons Nature-Essay von 1836 war der erste Anstoß zum Augen-Aufmachen. Jahrelang war Thoreau Hausgast bei Emerson's – und zugleich Handlanger, eine Art Hausdiener. Emerson gehörte das Grundstück, auf dem die Walden-Blockhütte stand. Emerson erkannte Thoreaus Begabung und Einzigartigkeit, er drängte ihn, was draus zu machen. – Und dann war er enttäuscht: »Er hätte der erste unter den Vermessern Amerikas (im übertragenen Sinn) sein können – und wurde nur Hauptmann einer Kompanie von Heidelbeersammlern.« – Thoreau wiederum fand Emerson später zu zahm, zu anämisch, einen Vielredner, »der unter dem Unglück litt, ein großer Herr und berühmt geworden zu sein«. – Posthum behielt er recht. – Ein Arbeiter kommt um die Ecke, harkt Winterreste weg und inspiziert die Holzverschalung. Von Emersons Wäscheleine baumeln bunte Hemden.

Übrigens bin ich auf meinen Wegen mehrmals einem Kleinbus mit einer prämiierten Schulklasse aus Chicago begegnet; sie hatte für die guten Noten eine Reise ins Thoreau-Land spendiert bekommen. Sie wußten alles über Henry. 61 Dollar und 99 Cents hatte er in 8 Monaten im Blockhaus ausgegeben. Und wieviel kosteten ihn die restlichen eineinhalb Jahre? – Da war die eisengraue Lady überfragt. – Abends wollten sie noch zum Walden-See. – Ich werde morgen hingehen.

»Die schwefelgelben Pollen der Pechtannen bedeckten bald den Teich, die Steine und das verfaulende Holz am Ufer, sodaß man sie faßweise hätte sammeln können. Das sind die ›Schwefelregen‹, von denen wir hören. So rollte die Zeit dem Sommer zu, wie einer wohl durch höhere und immer höhere Gräser streift. – Da war nun mein erstes Jahr im Wald zu Ende; das zweite war ihm sehr ähnlich. Ich verließ schließlich Walden am 6. September 1847.« – So kursorisch beschreibt Thoreau das Ende seines Unternehmens; ganz nebenbei – in Gedanken schon ganz woanders – nach diesem erwartungsvollen Beginn und den euphorischen Höhepunkten! – Was war geschehen? Warum auf einmal so interesselos? Was machte er nun mit seinem weiteren Leben? – Er schrieb dann noch: »Ich verließ den Wald aus einem ebenso guten Grunde, als ich ihn aufgesucht hatte. Vielleicht meinte ich, daß ich noch verschiedene Leben zu leben habe und für dieses keine Zeit mehr aufwenden könne.« – Aber er tat nichts anderes als früher, täglich stundenlang wandern, etwas Taglöhnern, ein paar Vermessungsarbeiten. Äußerlich, wenigstens, blieb er sich gleich.

Es ist diese Rätselhaftigkeit im Detail – bei aller Konsequenz im ganzen –, die einen guten Teil der Faszination erklärt, die Thoreau noch heute ausübt. Er ließ sich nicht einspannen. Er suchte, er suchte, er sucht noch immer. Ein feines Sensorium warnte ihn vor jeglicher Selbstzufriedenheit – und sei sie noch so begründet.

Ein stetig wiederkehrendes Element in seinen Äußerungen ist sein Glücksgefühl. Er schreibt: »Mein Leben war Seligkeit. In der Jugend, das erinnere ich, war ich ganz und gar voller Leben, in meinem Körper von einer unaussprechlichen Befriedigung erfüllt; Müdigkeit, und die Erholung von ihr, alles erschien mir süß.« – »Ich wanderte mit einer Lust, die ihren Ursprung nicht kannte.« – »Manchmal, wenn ich mich mit anderen vergleiche, scheint mir, daß die Götter mir günstig sind.« – Dies, daß er sich so bevorzugt fühlte, ohne es wie ein ordentlicher Bürger »verdient« zu haben, hat seine Zeitgenossen besonders gereizt. Wie kam er dazu? Hatte er etwas gefunden, was nur er allein wußte?

Am anderen Morgen breche ich früh auf, von Howard Johnson; ich wandere in meiner Staubwolke ins Zentrum von Concord und wieder hinaus, 3 km auf der Walden-Road bis zur Route Nr. 2, einer durch pausenlosen Verkehr nahezu unüberquerbaren Autobahn. Auf der anderen Seite – laut Karte – soll der See liegen. Kein Mensch zu sehen, nur Autos. Rechts und links immer dichterer Wald. Ich passiere, links von der Straße, eine Kolonie von Trailers, dieser riesigen amerikanischen Wohnwagen. Ein provisorisches »Ortsschild«: Walden-Breezes. Die Amerikaner sind nicht seßhaft. Die übliche Arbeitslosigkeit, die rüden »hire and fire«-Methoden ihres Kapitalismus zwingen zur Mobilität. Es gibt ganze Städte auf Rädern.

Endlich, nach einem weiteren Stück Asphaltstraße, das Schild »Walden Pond Reservation« und ein Parkplatz. Der See und sein Umland ist jetzt ein Naturschutzgebiet. Durch die Stämme und kahlen Äste glitzert es. Dann sieht man den vereisten See, wie einen kleinen Gletscher. Eine kleine Schwimmbad-Anlage, eine Plattform mit unerklärlichen, stuhlähnlichen Gerüsten. Ein wortloser Mann im Overall mit einem Besen. Ich suche den Uferweg.

Zu Henry Thoreaus Fähigkeiten gehörte die Landvermessung; er erlernte dieses Handwerk so gut, daß er später der offizielle Landvermesser in Concord wurde. So richtete ich mich natürlich, als ich nach dem Ort seiner Hütte forschte, nach der von ihm selbst angefertigten Karte des Sees. Aber Thoreau tat eben alles ein wenig anders als üblich: In seinem Plan, ohne daß ers vermerkt, ist Norden u n t e n, und Süden o b e n, und so umrunde ich den See auf der falschen Seite, und gerate an ein dichtbewaldetes Steilufer, vereist und aalglatt, und rutsche und falle des öfteren, verstauche mir die Hand, und fluche auf Old Henry, der mich da an der Nase herumführt, ohne daß ich erkenne, wieso. – Schließlich gebe ich auf, kehre um, und entdecke einen bequemen Fußweg und eine narrensichere Baum-Markierung mit einem T.

Die Richtung führt, genau wie Thoreau beschrieben hat, von einer kleinen See-Ausbuchtung ein Stück den Wald hinauf. Dann stehe ich vor einem Rechteck aus sieben Granitsteinen, mit Ketten dazwischen. An einem Ende zeigt ein Zementfladen, wo das Kaminfundament war: Ich stehe auf dem Platz, den Mr. Robbins vor gut 30 Jahren wieder entdeckt hat. – Daneben die übliche Gedenktafel: »I went to the woods, because I wished to live deliberately« usw. Eine berühmte Passage aus *Walden*, mit jenem rhetorischen Schwung, der zum Zitieren verführt – und die dennoch wenig Konkretes aussagt. Eher hätte ich mir gewünscht, man hätte in Bronze jene Feststellung Thoreaus geprägt, wonach »normale« Menschen 15 Jahre lang für ein Haus arbeiten müssen – während er, Thoreau, nur 4 beschauliche Monate drangeben mußte.

Durch die Bäume sieht der See wie ein Mondkrater aus, so rund. Auf der Bahnlinie gegenüber sieht man lautlos einen Zug fahren; sie fahren jetzt stündlich, Thoreau könnte jetzt nicht mehr auf den Schwellen nach Hause gehen. Ist es wichtig, daß hier, wo ich sitze, die Tür war? Ich sitze auf einem der Granitsteine, und das Unternehmen von Mr. Robbins, hier zu graben wie am Euphrat oder am Nil, erscheint mir fast komisch.

Ich habe pflichtgemäß noch das Thoreau'sche Familiengrab auf dem »Dichterhügel« des Friedhofs angesehen – auf einem handgroßen Stein der Name: Henry. Fast wie ein Hundegrab. Mittags gings wieder ab, vor Howard-Johnsons, mit dem New-Englander-Bus. Es stellte sich heraus, daß er zum letzten Mal verkehrte. Der ›Concord Patriot‹ berichtete über die Gründe. Die Einstellung der Linie, zum mindesten dieser Haltestelle, war vom Howard-Johnson Manager Hunter betrieben worden. »Die Leute kommen mit ihren Autos an, um in den Bus zu steigen; sie parken hier alles voll und vergraulen mir die Kunden.« – Massenverkehrsmittel haben es noch schwerer in den USA als hier. – An den Straßen sieht man öfters Schilder: »Spart Energie«. Auf dem Bus steht die Aufschrift: »Danke, daß Sie den Bus benutzen – Jimmy Carter.« Der ›Patriot‹ schrieb, in Concord habe sich eine Bürgergruppe zur Rettung der Bus-Linie gebildet.

Stephen Crane
oder
Die Kunst der Selbstzerstörung

Sein bekanntestes Buch, *The Red Badge of Courage,* der Roman der Feigheit vor dem Feinde, ist eine vehemente Anklageschrift gegen den Krieg – er selbst aber war vom Krieg fasziniert, und als aktiver Kriegsreporter kaltblütig bis zur Tollkühnheit. Er war ein neu-englischer Patrizier mit einem flair für herrschaftlichen Lebensstil, zugleich aber, aus eigener Erfahrung, ein genauer Kenner der städtischen Slums und ihrer Bewohner. In seinen wichtigen Büchern war er ein sorgfältiger, zu seiner Zeit unübertroffener Stilist – und doch hat er, zeit seines Lebens von immer wachsenden Schulden bedrängt, viel hastige journalistische Konsumware produziert: Von welcher Seite man ihn auch betrachtet, Stephen Crane war ein Bündel von Widersprüchen, und man wundert sich nicht, daß sein erster Biograph, Willis Clarke, davor die Waffen streckte und aufgab. Zwei spätere Biographen, Thomas Beer und John Berryman haben, aus verschiedenen Gründen, nur stark vereinfachte Darstellungen geboten. Eine präzise und ungeschminkte Lebensbeschreibung gelang erst R. W. Stallman 70 Jahre nach Cranes Tod; und dabei ging es um ein Leben von kaum 29 Jahren.

Stephens Vater Jonathan Crane war Geistlicher, wie viele seiner Vorväter. Als Stephens Geburt – er kam am 1. November 1871 zur Welt – sich ankündigte, war die Gemeinde von Newark im Staat New Jersey erstaunt: Nach neun Kindern des Reverend Crane, und noch weiteren vier, die schon im ersten Lebensjahr gestorben waren, nun dieser Spätling! Stephen war das Kind alter Eltern, und dennoch nicht, wie die Konvention es will, der verwöhnte Liebling; die Eltern, und die ganze weitläufige Sippschaft von beiden Seiten, waren strenge Methodisten. Müßiggang und Alkohol, Tabak, Frauen, ja selbst das Romane-Lesen, das waren alles Sünden. Der junge Crane allerdings, je mehr er heranwuchs, tat sein mögliches, um keine dieser Sünden auszulassen. Er rauchte zwanghaft, trank gern über den Durst und liebte vor allem Frauen, die seine Mutter als »Verworfene« bezeichnet hätte. Und Romane, natürlich, die las er nicht nur, sondern verfaßte auch selber welche. Ostentativ brachte er sich in Gegensatz zu allen

Werten und Tugenden seiner puritanischen Familie.

Wie groß der Abstand zwischen Cranes wirklichem Leben und dem Bild war, das die Familie noch zu tolerieren gewillt war, geht sehr deutlich aus der ersten Crane-Biographie von Thomas Beer hervor, die 1923, fast ein Vierteljahrhundert nach Cranes Tod erschien. Sie bietet ein lückenhaftes, ja, in vieler Hinsicht völlig verfälschtes Bild des Autors, und zwar, wie Beer eingesteht, auf nachdrücklichen Wunsch der Familie. Die »Korrekturen« gingen so weit, daß ein Teil der verfänglichen Dokumente, vor allem sämtliche von Beer benutzte Briefe vernichtet wurden. Zum Glück war damals erst ein kleiner Teil der umfangreichen Korrespondenz ans Licht gekommen.

Er war ein schlanker, fast zerbrechlich wirkender Jüngling, braunhaarig, mit weichem Mund und grauen, langwimperigen Augen; sie waren, wie ein Freund sagte, groß wie Pferdeaugen. Das jungenhafte Aussehen behielt er sein Leben lang; seine Nichten und Neffen, die Kinder von Stephens Brüdern, liebten ihn als Spielkameraden; seine Nichte Edith schrieb später, sie hätten »das Gerede von Onkel Stevies Berühmtheit für einen Witz gehalten«. Die literarischen Zeitgenossen, die ihren Platz in der literarischen Welt meist in viel reiferem Alter erschrieben hatten, Mark Twain, Henry James, Joseph Conrad, waren erstaunt, wenn sie ihm begegneten. – Crane hatte bereits mit 16 Jahren begonnen, professionell zu schreiben, als Reporter, für eine kleine, von Bruder Townley betriebene Agentur der New Yorker ›Tribune‹. Mit dem Fahrrad fuhr er meilenweit die Küste ab, um Namen und Stoff für seine Artikel zu sammeln. Er besuchte zu dieser Zeit die Militärschule »Claverack College«, die seine Mutter, nach Vater Jonathans Tod für ihn ausgesucht hatte – seiner Vorliebe für alles Militärische entsprechend, vor allem aber, weil sie sich einen günstigen Einfluß auf seine Moral und Disziplin erhoffte. Statt dessen erwies sich das College, wie ein Mitschüler schrieb, »als irdisches Paradies«, in dem die Knaben und Mädchen »sich rudelweise wie Wölfe herumtrieben, ohne Aufsicht, Zeitplan, und außer Rand und Band«. Hier war Crane glücklich. Eine sonderbare Kreuzung aus »all-american sportsboy«, Landsknechtsgestalt und bohèmehaftem Dichter war das Resultat dieser Schule.

Er verließ sie mit 18 Jahren, ohne Abschluß, wie er danach auch das Lafayette College und die Universität von Syracuse nach wenigen

Monaten ohne Abschluß verließ. Seine eigentliche Schule, sagte er später, sei die Bowery gewesen, das legendäre Elendsviertel von New York. Eine kleinere Ausgabe dieses Milieus hatte er schon in Syracuse studiert – anstelle der »Science« und »Belletristik«-Kurse, für die ihn seine Mutter eingeschrieben hatte.

Cranes erstes Buch *Maggie, A Girl in the Streets,* das aus seinen »Feldstudien« im Lumpenproletariat hervorging, erschien 1893 unter dem Pseudonym Johnston Smith im Selbstverlag. Kein namhafter Verlag hatte sich mit dem strähnigen jungen Genie und seinem anrüchigen Thema einlassen wollen. Inzwischen war Stephens Mutter gestorben, und er bezahlte diese Publikation mit einem Teil der kleinen Erbschaft, die sie hinterlassen hatte. Den Rest der Erbschaft verspielte er; selbstverständlich war auch das Spiel eine Todsünde für einen Methodisten; das schlechte Gewissen, das er gleichzeitig spürte, ist deutlich an seiner Kurzgeschichte *Georges Mutter* abzulesen, die er zu dieser Zeit schrieb. In ihrer Naivität und Verklemmtheit wirkt sie wie eine pubertäre Tagebuchnotiz.

Das Buch vom Straßenmädchen Maggie war kommerziell ein Reinfall, außer 12 Exemplaren von der Buchhandlung Brentano's wurde kein einziges Stück verkauft; dafür erwarb sich Crane damit die Anerkennung des einflußreichen Autors William Dean Howells, der so weit ging, Crane mit Tolstoi zu vergleichen; ein anderer realistischer Autor der Zeit, Hamlin Garland, wurde sein lebenslanger Freund und Förderer; er machte die Bekanntschaft mit Zeitungsredakteuren, wie Willis Fletcher von der ›Tribune‹ und S. S. McClure von ›McClures Magazine‹, die von da an seine Hauptverdienstquellen wurden. Es begann die typische Laufbahn des Schriftstellers in Amerika, die Laufbahn eines Ambrose Bierce, Sinclair Lewis, Hemingway, Ring Lardner: über Journalismus und Sport zur Literatur. Stephen Crane war 22 Jahre alt, er war Reporter, Vagabund und ein literarischer Geheimtip. Sein Durchbruch zur Öffentlichkeit stand bevor. Es war ein auf vielen Nägeln brennendes Thema und ein Schreib-Stil, den man als »surrealistisch«, im eigentlichen Sinn »überrealistisch«, bezeichnen kann, die diesen Durchbruch herbeiführten.

»Der Junge hatte das Gefühl, er sehe so deutlich wie nie zuvor. Jeder Grashalm trat scharf und klar hervor, er glaubte selbst die kleinste Verschiebung der trägen, durchsichtigen Dampfwolken in der Luft zu erkennen. Er sah jeden Riß in der grauen und braunen Borke der Bäume.

Auch die Männer des Regiments, die mit ver- drehten Augen und verschwitzten Gesichtern wild vorwärts stürmten oder hinschlugen, wie aufs Geratewohl zu absonderlichen Leichenbergen aufgetürmt – alles sah er.« So geht Henry Fle- ming, der feige Held des *Red Badge* – des *Roten Siegels des Mutes* mit den großen Pferdeaugen seines Autors über das Schlachtfeld. Es ist eine Prosa mit einem Hang zur Verrenkung, oder zum leicht überzogenen Bild, das aber gerade deshalb für die kollektive Psychose, die ein Krieg doch ist, so angemessen wirkt. Die Metapher von der molochhaft roten Sonne, die über einem schrecklich verstümmelten Gefallenen »an den Himmel geklebt war wie eine Oblate« war schon zu seiner Zeit umstritten. Oft ist beim Lesen kaum zu entscheiden, ob es sich um eine höchst präzise Beschreibung oder um eine Art »rasender Beliebigkeit« handelt, eine Anhäufung divergen- ter, und daher immer zutreffender Vokabeln, etwas wie das verzweifelte Gestikulieren vor einem Tatbestand, der sich einer rationalen Benennung verweigert.

Doppelt bemerkenswert und merkwürdig wird dieser literarische Parforceritt, hält man sich vor Augen, daß Crane, als er das Buch schrieb, kei- nerlei persönliche Erfahrungen mit dem Krieg hatte. Den Hergang der Schlacht von Chancelorsville im amerikanischen Bürgerkrieg, die die historische Vorlage darstellte, hatte er schon während seiner Schülerzeit im Claverack College von dem früheren General van Petten erfahren, der dort Lehrer geworden war. Dennoch werden in Cranes Roman äußere Eindrücke und innere Abläufe der Schlacht so genau wiedergegeben, daß später mehrere Veteranen behaupteten, sie hätten Crane dort gesehen. Chancelorsville aber ereignete sich acht Jahre vor Stephen Cranes Geburt. Vor diesem Tatbestand wird der Terminologiestreit inhaltslos, ob der Autor ein Realist, Impressionist oder gar Imaginist gewesen sei.

Daß er es fertigbrachte, aus seinem Kopf heraus gewissermaßen deduktiv ein Bild des Krieges herzustellen, das sich dann als zutreffend erwies, bedeutet nun allerdings nicht, daß seine realistische Prosa oder seine Reportagen eine Art wirklichkeitsgetreuer Erfindungen waren. Wir befinden uns in der Zeit Emile Zolas – wenn Crane ihn auch kaum kannte und wenig schätzte. Wie Zola konnte Crane seine Gegenstände mit durchaus wissenschaftlicher Präzision erforschen. Titel wie *Ein Elends-Experiment* oder *Ein Experiment mit dem Luxus* zeigen, daß er die naturwissen-

schaftliche Verfahrensweise, die von einem
naturalistischen Autor gefordert wurde, ernst
nahm. Will er ein Nachtasyl beschreiben, so
schläft er auch wirklich vorher in einem Nachtasyl, schreibt er über die Zustände unter Berg-
arbeitern, so studiert er sie gründlich vor Ort,
will er zeigen, wie das Leben der damals 25.000
New Yorker Opiumraucher ist, so kauft er sich
alles, was ein Opiumraucher braucht, und pro-
biert es aus. Seine Zeitgenossen hatten dafür
wenig Verständnis, immer wieder gab er Stoff
für Skandalgerüchte, zeitweise zu seinem bos-
haften Vergnügen.

Aufträge von Zeitungen, die dunklen Regio-
nen der großen Städte oder auch fernere Gegend
für ihre Leser zu erkunden, erhielt Crane nun
regelmäßig. 1896, nachdem das Buch von Maggie,
dem Straßenmädchen, inzwischen bei dem respek-
tablen Verlag Appleton neu erschienen war,
bekam Crane für Randolph Hearst's Massenblatt
›Journal‹ den Auftrag zu neuen Erkundungen
der Bowery und des New Yorker ›Tenderloin‹,
des Vergnügungsviertels im Lower Eastend. Wie
er es immer getan hatte, schließt er Bekanntschaften mit Gaunern und Apachen, von denen
jeder mindestens einen Mord auf dem Konto
haben mußte, um anerkannt zu sein, und mit den

Animierdamen und Nachtklubtänzerinnen. Eine dieser Bekanntschaften, das »chorusgirl« Dora Clark, wurde einmal in Cranes Gegenwart von der Straße weg unter einem Vorwand verhaftet. In dem anschließenden Gerichtsverfahren erschien Crane als Zeuge, und setzte sich auch publizistisch für sie ein, was zugleich bedeutete, daß er die Korruptheit und Willkür-Herrschaft der New Yorker Polizei bloßstellte; der Distrikts-Kommissar Becker und der oberste New Yorker Polizei-Offizier, der nachmals berühmte Theodore Roosevelt, haben ihm das nie verziehen.

Für das Bachelor-Nachrichten-Syndikat reiste Crane in die amerikanischen Weststaaten, und entdeckte dort, wie er glaubte, den unverdorbenen Naturmenschen: »Ich verliebte mich«, schrieb er, »in die offenen, manchmal gräßlichen, oft bramarbasierenden Westler... Wenn sie auf die Welt kommen, nehmen sie einen großen Schluck voll Wind, und dann leben sie.« Er reiste nach Süden und nach Mexiko und notierte das Crescendo der Farben auf dem Weg: Farben und Farb-Kontraste spielen in vielen seiner Erzählungen eine große Rolle. In einem literarischen Bestiarium der Zeit charakterisiert ihn Carolyn Wells mit einem Limerick, das sich etwa so übertragen läßt:

»C heißt ›Chromatischer Crane‹
Er hat ein enormes Gehirn
Seine Worte sind rauh
Er schreibt zischend blau
Seine Verse sind die eines Irr'n«

»In Mexiko«, schreibt er, »wird durch die Atmosphäre kaum etwas sanfter gestimmt. Sie widmet
alle ihre Energie den Glanzlichtern, sie macht,
daß alles nach vorne springt, und macht die Farben so richtig vulkanisch.« In einer Skizze erzählt
er von einer Amerikanerin, die in einer Tier-
handlung zwei pflaumenblaue Vögel erwarb. Als
sie danach in ihrem Hotelzimmer einen der
Vögel dazu bringen wollte, auf ihrer Hand zu
sitzen, »fiel er zu Boden wie ein Sack voll nasser
Bohnen. Der reizende Verkäufer hatte seine
Vögel Bleischrot fressen lassen. Das erklärte ihre
glückliche, ruhige Haltung und ihre offenbare
Entschlossenheit, niemals den geliebten Finger
ihres Herrn zu verlassen. Nach einer Stunde
waren die Vögelchen tot.« – Wieder selektiert
Cranes Auge und seine schreibende Hand aus
dem üblichen Reise-Kaleidoskop Bilder von grel-
ler, oft erschreckender Dichte. Man denkt an
Bretons spätere Forderung: »Die Schönheit wird
konvulsivisch sein, oder sie wird nicht sein.« Das

43

jagende Leben dieses Reporter-Dichters verlangt unaufhörlich nach scharfen Gewürzen. Ahnte er, daß er nur wenig Zeit hatte?

Wir sind heute mißtrauisch gegen diese Art von Übersinnlichkeit, gegen Vokabeln der raunenden Vorahnung, weil sie die Aura des Künstlers ideologisch überhöhen. Dennoch gibt es im Falle Cranes, von ihm selbst und auch von denen, die ihn kannten, so viele Äußerungen dieser Art, daß man sie nicht übergehen kann. Während seiner Reise in den Westen lernte er die junge Willa Cather kennen — damals noch Redakteurin des ›Nebraska State Journal‹. Sie schrieb darüber: »Er saß auf dem Schreibtisch des Chefredakteurs, hatte seinen weichen Filzhut tief ins Gesicht gezogen, seine Schultern waren nach vorn gekrümmt, er trommelte mit den Fingern auf den Manuskripten herum, er wirkte so nervös wie ein Rennpferd in der Startbox. Er war wie ein Mann, der mit einer plötzlichen Abreise rechnet ... Nie habe ich einen Mann mit so bitterem Herzen gekannt, wie er es mir in dieser Nacht enthüllte. Es war eine Abrechnung mit dem Leben, eine Anrufung des Hasses.« Sie war überzeugt, daß er eine vage Voraussicht hatte, daß seine Arbeitszeit kurz sein werde, und eine Stimme in ihm sei, die sagte: »Was du tun mußt,

das tu schnell«. Als sie meinte, in zehn Jahren
würde er wahrscheinlich über seine jetzige Bitter-
keit lachen, rief er aus »Ich kann nicht zehn Jahre
warten. Ich habe die Zeit nicht.« – Sein Tempo
hatte etwas mörderisches, und jeder, der ihn am
Werk sah, mußte feststellen, daß dieser ausge-
mergelte Jüngling das nicht lange durchhalten
konnte. Sein Wesen hatte eine Rigorosität, eine
Aggressivität, die eigentlich gegen sich selbst
gerichtet war. In wirklich lebensgefährlichen
Lagen dagegen versank er in eine Ruhe, die etwas
von Zufriedenheit an sich hatte. Augenzeugen
schildern ihn in der Zeit des spanisch-amerika-
nischen Krieges, dessen kubanische und puerto-
ricanische Kampagnen er als Reporter mitmachte:
»Plötzlich stieg Crane, dem jegliche Hastigkeit
fern lag, ruhig über den Erdwall, zündete sich
eine Zigarette an, und stand eine Weile, die
Hände in die Seiten gestemmt, während neben
ihm die Kugeln vorbeipfiffen und sich in die Erde
gruben; dann kletterte er ruhig wieder über den
Wall zurück und schlenderte davon. An der
Sorglosigkeit seines Verhaltens war nicht zu
zweifeln: Cranes Benehmen war das eines Schlaf-
wandlers. Er machte den Eindruck, als sei er
gewissermaßen von sich selbst abgelöst und von
einem unwiderstehlichen Impuls getrieben, seinen

Körper, ohne Rücksicht auf die Unversehrtheit dieses Körpers, gewisse Empfindungen fühlen zu lassen.«

Dieser Krieg, der Amerika damals gegen eine weitgehend demoralisierte spanische Besatzungsarmee wirklich auf der Seite eines Befreiungskampfes sah, war in mancher Hinsicht so etwas wie ein großes Sportereignis; die Reporter, die die umkämpften Inseln auf den zeitungseigenen Motorschiffen umschwärmten, um jeweils an interessanten Punkten zu landen, verhielten sich oft wie Gentlemen auf dem Golfplatz. Crane jedoch war kein Gentleman; er blieb auch in schwierigen Lagen, wenn die Kollegen sich längst zurückgezogen hatten, bei den Soldaten, verdreckt, zerlumpt, in einen sonderbaren überlangen Mantel gehüllt durchschritt er die Kriegslandschaft, meistens ein wenig fiebernd – das sogenannte kubanische Fieber, das große Opfer unter den Truppen forderte, blieb ihm anfallsweise bis zum Lebensende treu. Er besetzte ganz allein, auf einem Morgenspaziergang, die noch von Spaniern beherrschte Stadt Juan Diaz, ließ sich vom Alcalden den Schlüssel aushändigen, und setzte sich dann einen Tag lang ins Café, um auf die amerikanischen Truppen zu warten. Er nistete sich illegal in Havanna ein, das von den

Amerikanern nie besetzt wurde, und nun, am Ende des für die Spanier verlorenen Krieges, zu einem irrealen Zwischenland, chaotischen Sammelpunkt von Flüchtlingen, Spionen, Dieben und Deserteuren geworden war. Die Faszination des Ortes war groß, Crane verschwand zeitweilig ganz von der Bildfläche. Es hätte wohl seinem pathetischen Traum entsprochen, an einem solchen Ort der schillernden Dekadenz sozusagen zu Tode vergessen zu werden. Aber Freunde und Verwandte, die Zeitungen und das Militär setzten Himmel und Hölle in Bewegung, um ihn aufzuspüren, bis er schließlich zögernd und widerwillig in die bürgerliche Umwelt zurückkehrte.

Während einer der verschiedenen Phasen des Kuba-Krieges, der sich ganz allmählich von einer halblegalen Aktion von Freischärlern zu einer staatlichen Intervention steigerte, lernte er Cora Taylor kennen, die in Jacksonville in Florida das Vergnügungsetablissement Hotel de Dreams besaß. Jacksonville war damals – 1896 – einer der Hauptlagerplätze in diesem seltsamen Krieg, wo Soldaten und Journalisten Wochen und Monate auf Befehle, auf Entscheidungen, auf irgendeine Art von Aktion warteten. Die Gestalt des amerikanischen Befehlshabers Shafter, der mit seinem 4-Zentnergewicht unfähig war, ein

Pferd zu besteigen, und durch Verbände über seine unmilitärische Behinderung hinwegzutäuschen suchte, war allein schon symptomatisch für die groteske Situation. In dieser Zeit war nichts Besseres zu tun, als sich zu amüsieren. Aus einer Verliebtheit wurde eine feste Verbindung, Cora wurde von nun an mehr und mehr zum ruhenden Punkt in Cranes Leben. Sie opferte sich für ihn auf, unterstützte zum anderen aber auch seinen nervösen Hang zu spektakelhafter Geselligkeit und Betrieb. Sie war naiv und großzügig, brachte aber auch irritierende Gewohnheiten aus dem Milieu mit, in dem sie bis dahin gelebt hatte, so die Neigung zu operettenhafter Ausstaffierung und zur sentimentalen Kolportage.

Um die Jahreswende 1896/97 reiste Crane mit Cora, die ihr Etablissement in Jacksonville verkauft hatte, für die ›World‹, und dann für das Hearstblatt ›Journal‹ nach Griechenland, um den griechisch-türkischen Krieg zu beobachten. Auch hier handelte es sich, wie in Kuba, um eine Kampagne voller Absurditäten, deren Verlauf von der Unfähigkeit der beiderseitigen Heerführer gekennzeichnet war: Die Feldlager, die Desorganisation, das Warten, die Nöte der Entschlußlosigkeit in staubiger Karstlandschaft – Crane hatte eine Begabung, stets auf die wüstenhaft zerfahrenen Schauplätze der Machtpolitik zu gelangen. Fast schien es, als gehorchte die Welt seinen verborgenen desolaten Wünschen.

Als der griechische Feldzug keine Nachrichten mehr einbrachte, reiste Crane mit Cora nach England, um sich fortan dorť niederzulassen. Zwar hatte er seine Reserven gegenüber England und den Engländern, die von der patriotischen Familientradition herrührten, und fand sie auch in mancher Bekanntschaft mit unsensiblen John-Bull-Gestalten bestätigt, aber er hatte auch Grund zur Dankbarkeit. Schon bei Erscheinen des *Red Badge of Courage* hatte sich das englische Publikum als besonders aufmerksam und wohlwollend erwiesen; in den heimischen Staaten wurde ihm dies, vor allem im Hinblick auf seine Kritik an der amerikanischen Armee, übel angekreidet: Wenn schon Nestbeschmutzung, dann sollten nicht ausgerechnet die Engländer ihr Vergnügen daran haben. Angesichts solcher Borniertheit schien England das kleinere Übel; Crane wurde Wahl-Engländer, wie so viele seiner Landsleute, wie Henry James, wie später T. S. Eliot und Ezra Pound. Mit den jüngeren Schriftstellern, die in England lebten, machte Crane bald Bekanntschaft, er verkehrte mit H. G. Wells, Ford Madox Ford, Rider Haggard und natürlich mit James.

Eine besonders enge Freundschaft entstand mit Joseph Conrad, der kurz zuvor mit seinem ersten Roman *Almayer's Folly* hervorgetreten war. Conrad war 14 Jahre älter als Crane, er hatte die abenteuerlichen Zeiten als Schiffahrts-Kapitän hinter sich, dennoch bestand zwischen den beiden ein kurioses, den äußeren Anschein umkehrendes Lehrer-Schüler-Verhältnis. Conrad wurde nie müde, Crane mit Lobeshymnen zu bedenken: »Du bist für mich eine fortwährende Überraschung. Du schockierst – und im nächsten Moment gibst du die vollkommene artistische Befriedigung. Dein Verfahren fasziniert. Du bist der vollkommene Impressionist. Der Widerschein des Lebens springt fleckenlos aus deiner Hand. Es ist nicht ›Leben‹ – kein Mensch will das – es ist Kunst – die Kunst, nach der jeder – sei er groß oder elend – sich verzehrt, meistens ohne es selbst zu wissen.« Zweifellos gab es Beeinflussung in beiden Richtungen. Conrad stellte fest, es gäbe »tiefe Ähnlichkeiten in unseren Temperamenten«. Die Kritik vermutete meistens Crane als den Anreger, so sah der ›Daily Telegraph‹ in Conrads Roman *The Nigger of the ›Narcissus‹*: »Ein würdiges Gegenstück zu Cranes *Red Badge of Courage*«, worüber Conrad denn doch äußerst aufgebracht war; dennoch sind Einflüsse Stephen

Cranes in mehreren Büchern Conrads nachzu-
weisen.

Stephen Crane unterbrach sein Leben in England, für das ihm noch drei Jahre Zeit blieb, nur
noch für einige Monate während der kubanischen
Kampagne des Jahres 1898. Auch abgesehen von
diesem Abenteuer, das seine Gesundheit schwer
erschütterte, bedeuteten die Jahre für ihn, und
auch für Cora, eine einzige Not und Mühsal.
Ständig von Gläubigern bedrängt, und selbst
wieder seine Agenten und Verleger bedrängend,
war Crane gezwungen, fast pausenlos zu schreiben. War er auf Reisen, so schrieb er Berichte
und Kurzgeschichten im Hotel, um sich postwen-
dend das Geld für die täglichen Auslagen drahten
zu lassen. Kamen er und Cora zurück zum Wohn-
ort, so warteten dort schon der Metzger, der
Bäcker, der Holzhändler mit ihren aufgelaufenen
Rechnungen. Unter diesen Bedingungen entstand
eine Flut von hastigen, belanglosen Prosatexten,
aber es entstanden auch Erzählungen wie *The
Monster* und *The Blue Hotel,* in denen Crane auf
der Höhe seiner Kunst war. Sie zeigen ihn als
den Autor der schrillen Dissonanz, der plötzlichen Ausbrüche, der ausweglosen, quälenden
Situation – was nun freilich unter solchen
Lebensumständen nicht überraschend ist. So

etwas wie ein dunkler Orgelton der Bedrohung –
ein Bild, das Crane mit Variationen öfters
benutzt – ist in seiner Prosa immer wieder
herauszuhören.

»Das Palace Hotel in Fort Romper ist hellblau
gestrichen, in einem Farbton, wie ihn die Beine
einer bestimmten Reiherart haben, wodurch sich
dieser Vogel von jedem Hintergrund abhebt. So
auch das Palace Hotel, das immerzu brüllte und
schrie, wogegen die blendende Winterlandschaft
von Nebraska nur noch als dumpfe graue Stille
erschien.«

So beginnt die Erzählung *The Blue Hotel*,
deren Handlung auf ein Erlebnis zurückgeht, das
Crane während seiner westlichen Reporter-Rei-
sen gehabt hatte; er hatte damals in Lincoln,
Nebraska, in eine Schlägerei eingegriffen und
versucht, die Streitenden zu trennen. In der
Erzählung wird daraus die Situation des grund-
los geängstigten Schweden in dem winterlichen
Hotel, der in seiner Panik aggressiv wird, während die kleine Runde der übrigen Hotelgäste
ratlos und fatalistisch zuschaut.

»Er näherte sich den Männern voller Nervosi-
tät, als erwarte er einen Angriff. Schließlich nahm
er Platz, starrte der Reihe nach die Gesichter an,
und lachte schrill. Dieses Lachen war so seltsam,

daß der Mann aus dem Osten schnell aufblickte, der Cowboy angespannt, mit offenem Mund dasaß, und Johnnie, mit den Karten in den Fingern, erstarrte.«

»Als ein neues Spiel gegeben wurde, und eine kleine Pause eintrat, redete der Schwede plötzlich Johnnie an: ›Ich nehme an, in diesem Raum sind schon viele getötet worden.‹ Den anderen blieben die Münder offen stehen. ›Wovon reden Sie denn, zum Teufel?‹ fragte Johnnie. – Wieder lachte der Schwede sein brüllendes Lachen, ein Lachen voll gespieltem Mut und Verachtung. ›Oh, Sie wissen genau, was ich meine!‹

›Oh, ich weiß‹, brach es aus dem Schweden hervor, ›ich weiß, was passiert. Jaja, ich bin verrückt. Ja, natürlich, ich bin verrückt. Aber eines weiß ich –‹ Auf seinem Gesicht stand sowas wie der Schweiß des Elends und des Schreckens. ›Ich weiß, daß ich hier nicht lebend rauskomme.‹«

Eine tiefe Beunruhigung geht von dieser Prosa aus; die Grundlosigkeit der sich steigernden Angst, zugleich das Stakkato der Textgliederung, worin Zeiten der Heftigkeit und der Starrheit sich abwechseln; die Ratlosigkeit der Umwelt, die Unmöglichkeit zur Kommunikation, die sich schon daran zeigt, daß auf die sich steigernden Ausfälligkeiten des Schweden immer auf die gleiche Weise geantwortet wird. Und schließlich, die eigenartige Inkonsequenz und Asymmetrie des Ablaufs: denn der Schwede ist siegreich in der Schlägerei, und kommt danach aus geringfügigem Anlaß in einer anderen Kneipe des Ortes um. Die Beschreibung seines Endes ist charakteristisch für Cranes Schreibkunst, wenn er die Bestürzung in Form eines jähen Tonfallwechsels sozusagen in den Text einbaut:

»Der Barmann schoß um die Ecke der Bar. Ein großer Tumult entstand, und dann erblickte man ein langes Messer in der Hand des Spielers. Es schoß nach vorne – und ein menschlicher Körper, diese Festung der Tugend, der Weisheit und der Kraft, wurde so leicht durchbohrt, als sei es eine Melone gewesen.«

Sein letztes Lebensjahr verbrachte Crane in Brede Mansion an der englischen Kanalküste, einem Herrenhaus, das schon Wilhelm dem Eroberer als Unterkunft vor der Schlacht bei Hastings gedient haben soll. Dem entsprach die Ausstattung mit Wasser, Gas, Elektrizität, d. h. sie war nicht vorhanden. Es war ein Palast vor allem für den Wind, und das Schreibzimmer Cranes war in dieser Hinsicht das schlimmste. Allen diesen Unbilden zum Trotz, und unbekümmert um Schulden und drohende Pfändungen, führten

Cora und Stephen das Haus wie gastfreie Land-
adlige. Es waren zeitweise bis zu 30, oftmals
uneingeladene Gäste im Haus, außerdem die mit-
tellose Witwe des Schriftstellers Harold Frederic
und ihre Kinder, für die die Cranes sich verant-
wortlich fühlten. Zu Silvester auf das Jahr 1900
fand in Brede die Aufführung eines Theaterstückes
The Ghost statt, das von Crane mit 9 anderen
Autoren verfaßt worden war. Danach wurde in
der Eiseskälte des zugigen Herrenhauses, zwischen flackernden Kaminfeuern und dem Massen-
nachtlager für die vielen Gäste, Cranes letztes
Fest gefeiert. Am nächsten Morgen, während
man ringsum auf den verschneiten Flächen die
Gäste wandern sah, auf der Suche nach einem
Versteck für ihre Bedürfnisse, fieberte Crane sich
schon in seine letzte, tödliche Krankheit hinein.
Zu dem kubanischen Fieber kam nun die Tuber-
kulose. Die treue Cora erschöpfte alle nur denkbaren Kreditmöglichkeiten, um ihm die Hilfe
von Spezialärzten, und einen heilsamen Aufent-
haltsort zu verschaffen. Nach einer wochenlangen
Odyssee des sterbenden Mannes erreichte er
Badenweiler, durchlebte dort, im Dachzimmer
der Villa Eberhardt, in Fieberphantasien noch
einmal die Abenteuer seines Lebens, und starb
am 6. Juli 1900 – ein ausgebrannter Fall.

Tag und Nacht unter dem Pelz von mir
oder
Ring Lardners Grotesk-Theater

Im ersten Moment wird Ihnen der Name vielleicht nicht viel sagen, und Sie werden eine amerikanische Literaturgeschichte konsultieren. Dort lesen Sie folgendes: »Ringlardner ... Ringold Wilmer Lardner, geboren 1885, gestorben 1933 ... Seine populären Kurzgeschichten zeigen ihn als einen von Melancholie und Pessimismus erfüllten Satiriker, der in der amerikanischen Umgangssprache, besonders im Sportjargon, über den Durchschnittsamerikaner schreibt und dadurch komische Wirkungen erzielt.« – Und damit hätten Sie fürs Erste eine ganz brauchbare Auskunft bekommen.

Aber, nachdem der erste große Nachholbedarf an literarischen Amerikana befriedigt ist, dürfen wir allmählich auch nach differenzierteren Bildern verlangen – und dies nicht nur aus Pedanterie. Denn am Beispiel Ring Lardners läßt sich zeigen, daß genaueres Hinsehen zu erheblichen Korrekturen unserer Vorstellungen aus anderen

Sprachräumen führen kann. Da wird eben manchmal aus Gründen der Systematik ein bißchen viel Rand abgeschnitten.

Was Ring Lardner betrifft, so hatte seine Rolle im Amerika der Zwanzigerjahre nur wenig mit seinen Büchern zu tun. Man kannte ihn als Journalisten, vor allem als Autor einer täglichen Spalte, die über ein Jahrzehnt lang in allen großen Zeitungen der Ostküste erschien. Es war eine Glosse nach einem sehr persönlichen Rezept, ein wenig Leitartikel, Feuilleton, dazwischen Klatsch und Alltagsbeobachtungen aus dem Bereich des »unknown American«, des amerikanischen Mittelstandes – dies alles nach Möglichkeit durch viel Ironie für Genußzwecke unbrauchbar gemacht. Anlässe boten die großen Sportereignisse, die Prohibition, Parteikongresse, deren Jahrmarktstumult ihn amüsierte – oder das Golfspiel mit Präsident Coolidge, den Lardner nur ertrug, weil er womöglich noch schweigsamer war, als er selbst.

An einen dieser Artikel, der in der Zeitschrift ›New Yorker‹ erschien, wollen wir anknüpfen. In seinen letzten Jahren schrieb Lardner hier eine wöchentliche Rundfunk-Kritik. Die quäkenden Versuche dieses Mediums hatte er von Anfang an mit Interesse, oft mit komischem

Zorn verfolgt. Da er von Hause aus eine gründliche musikalische Ausbildung hinter sich hatte, waren es besonders die Musik-Programme, die ihn zur Stellungnahme reizten. Am 6. Mai 1932 – es war eine von Lardners letzten Arbeiten – publizierte er eine Betrachtung über den populären Komponisten Cole Porter, dessen *Night and Day* die – damals ungeschriebenen – Hitparaden anführte:

»Also, mit dieser Nummer hat Mr. Porter, wie mir scheint, nicht nur alle seine j e t z i g e n Kollegen als arme Würstchen an die Wand komponiert, sondern auch Gilbert und Sullivan – die Komponisten der klassischen englischen Operette, Ende des 19. Jahrhunderts – als siebtklassige Gertrude Stein entlarvt – und das alles mit e i n e m Couplet, das, fast bis zum Schluß zurückgehalten, als letzter überzeugender Treffer im Ohr gelandet wird – einem Ohr, das sowieso schon schlackert, nach den e i n f a c h grandiosen Versen, die vorher kamen. Und hier ist das Couplet:

›Tag und Nacht, unter der Haut von mir
Glüht ein oh! so ein wehes Verlangen im Bauch
von mir!‹«

– und Lardner begnügt sich keineswegs mit der lobenden Hervorhebung – in aller Bescheidenheit ergänzt er das Original auch gleich durch weitere Varianten, z. B.:

»Tag und Nacht unter dem Pelz von mir
Brennt ein oh! so ein Feuerofen das Schmalz von mir –

Tag und Nacht unter der Nickhaut mir
Macht ein oh! so ein Mob von Bazillen ein Picknick aus mir«

– Es dauert nicht lange, da ist Lardner auch schon in die tiefsten Geheimnisse populärer Schlagertexte – vom Genre des »Meier auf dem Himalaya« – eingedrungen, wenn er dichtet:

»Tag und Nacht unter der Nagelhaut
Ist die Liebe für dich so echt, daß der Knecht sich nicht recht zu schlagen traut.«

Offenbar scheut Lardner in seiner Verärgerung über den albernen Binnenreim, über das aufstöhnende »oh – so« vor keinem Unsinn zurück – oder sagen wir: vor keinem Nonsense. Nonsense – das Wort verzichtet auf kleinbürgerlichen Beiklang: denn Lardner hat ja auch seinen Spaß daran – so ernst ist es ihm doch gar nicht mit der Empörung!

Tatsächlich verweisen uns diese »Nachdichtungen« von *Night and Day* auf einen Aspekt in Lardners Werk, der – wenn er überhaupt bekannt ist – meist etwas ratlos übergangen wird: auf seinen Hang zur Groteske, zum blühenden Nonsense, wie er sich am deutlichsten in seinen Miniatur-Dramen kundtut.

Mit diesen kleinen Nonsense-Stücken aber lohnt es, sich näher zu befassen. Sie sind nach Lardners Tod unter der Überschrift *Shut up, he explained* – *Halts Maul, erklärte er* gesammelt worden. Im Untertitel hieß es *Native Dada* – wir übersetzen es mit *Volks-Dada*. Ring Lardner hätte diese Gattungsbezeichnung wohl kaum gewählt – »Dada«, das wäre ihm viel zu literarisch gewesen. E r sah sich zeitlebens so, wie er angefangen hatte: als Journalist, Sport-Journalist vor allem, der sich durch ein scharfes Gehör für verräterische Umgangssprache später einen Ruf als Schriftsteller erwarb – fast wider Willen, scheint es, wenn man sein Mißtrauen kennt gegen alles, was mit literarischem Betrieb zusammenhing. Wenn schon nicht » n u r « Journalist, d a n n wollte er eigentlich was ganz anderes sein: ein erfolgreicher Schlagerkomponist; sein Traum war: Das kassensprengende M u s i c a l.

Dieses Ziel verfolgte er zeitlebens – im Jahr 1930, mit dem Musical *June Moon,* kam er ihm sogar ziemlich nahe; *June Moon,* eine Co-Produktion Lardners mit dem Komponisten George Kaufmann, erlebte 273 Aufführungen. – Aber für Lardner kam das zu spät. Nach vielen Enttäuschungen hatte er resigniert. Er war zu krank und erschöpft, um das Ereignis recht zu würdigen. In Wirklichkeit hatte Lardner s e i n Theater schon vorher geschrieben. Man kennt neun seiner kleinen bizarren Szenen – vermutlich waren es einmal mehr, viele sind durch Nachlässigkeit verlorengegangen.

Was uns geboten wird, ist sonderbar – ja, eigentlich ist es eine Zumutung. Schon vor Beginn geht es gut an, mit einem Darsteller-Verzeichnis von maßloser Vollständigkeit. Für den insgesamt 3 Minuten währenden F ü n f - Akter *Clemo Uti – Die Seerosen,* beispielsweise, lautet es folgendermaßen:

Clemo Uti – Die Seerosen
Darsteller:
PADRE   – ein Priester
SETHSO, GETHSO   – zwei Zwillinge

WAYSHATTEN	– ein Schäferjunge
ZWEI KAPITALISTEN	– (Anmerkung: die beiden Kapitalisten treten in dem Stück nicht auf)
WAMA TAMISH	– ihre Tochter
KLEMA	– dritte Tochter eines Aufwärters
KEVELA	– ihre Mutter, später ihre Tante

Selbstverständlich ist es müßig, etwa zu fragen, um w e s s e n Tochter es sich handelt – von anderen Unsicherheiten ganz zu schweigen. Aber betrachten wir nun das Stück. Sein erster Akt dreht sich so halbwegs um den Verbleib gewisser Schallplatten – e r wird von einem Chor antiken Musters bestritten. Vom zweiten und dritten Akt heißt es: Sie wurden rausgeworfen, weil ja doch nichts passierte. Ganz anders der v i e r t e Akt. Seine Handlung ist wie folgt: Zwei Ratten bemühen sich, sei es durch mitleiderregendes Aussehen, sei es durch bloßes Dasein, um einen Lacherfolg. Als dieser ausbleibt, kommt es zu einem Dialog zwischen Kevela und dem Padre, der, ungeachtet seiner Kürze, von Mißverständnissen strotzt. Anschließend gerät der Padre, dank seinem Unvermögen, auf einem Hochrad zu fahren, in eine außerordentlich üble Lage. Den fünften und letzten Akt dieses Stückes wollen wir Ihnen im Wortlaut präsentieren:

Ein paar Vertreter erscheinen. Sie versuchen, tragbare Häuser zu verkaufen. Die übrigen Schauspieler wollen aber keine tragbaren Häuser.

Die übrigen Schauspieler: Wir wollen keine tragbaren Häuser!

Die Vertreter drehen völlig durch und gehen nach links ab.

KEVELA: Was für ein Kerl!

WAYSHATTEN *der Schäferjunge:* Warum warstn du heut morgen nich draußen un hast mir nich geholfen Schafe hüten?

CHOR DER HILFSSCHÄFER:

    Warum hastn du geschlafen
    Statt aufzupassen bei den Schafen?
    Warum schickst du Telegrämmer
    Anstatt zu hüten seine Lämmer
    Warum pennst du wie ne Lerche
    Und bist nich wach an seinem Pferche?

SETHSO: Wer ist unser Vater?

GETHSO: Na und? Wir sind doch Zwillinge, stimmts?

WAMA: Pscht! Clemo Uti *Die Seerosen!*

Zwei S c h w a a l e kommen rein, überwältigt
von Seerosen. Sie machen sich lächerlich. Sie kön-
nen sich anscheinend gar nicht zusammennehmen.
Sie schwabbeln. Sie wollen das Stück noch mal
von vorne spielen, aber es ist ja aussichtslos.
J a l o u s i e n.

Unverkennbar ist, daß neben den schon erwähnten antiken Motiven das arkadische Moment –
als die ersehnte heile Welt – eine Rolle spielt.
Das Generationsproblem – vielleicht sogar in seiner christlichen Ur-Form – klingt an, wird jedoch
am Schluß von einer regelrechten Epiphanie überwältigt – wenn auch nicht ohne ein tragisches, an
Ophelia gemahnendes Fragezeichen.

Die Gefahr, daß solche Texte jetzt unter der
unsäglichen Rubrik *Nochn Gedicht* abgeheftet
werden, ist hierzulande nicht ganz auszuschließen. Was seine eigene Umgebung betraf, so war
Lardner sich dessen bewußt. Seine Empfindlichkeit gegen diese Art von Humor zeigt die Anekdote von einer seiner hochprozentigen Dauer-
sitzungen in der New Yorker Lieblingsbar, die
nach 48 Stunden ein vorzeitiges Ende nahm: Ein
Gast war an seinen Tisch getreten und wollte

ihn aufheitern: »Übrigens – kennen sie den schon ...?« »Ja!« sagte Lardner und ergriff schleunigst die Flucht. Nichts verabscheute er so wie professionelle Witzbolde.

Für den geübten Hörer aber drängen sich andere literarische Verwandtschaften auf. Über die Unzulänglichkeiten hinweg, die eine Slang-Übersetzung kaum überwinden kann, erkennt man die angelsächsische Tradition des Nonsense-Verses von *Humpty-Dumpty* aus Lewis Carrolls *Alice in Wonderland* und – John Lennons *Eigene Schreibe.* Amerika hat hierzu den verwandten Slapstick-Film – etwa von Laurel und Hardy oder der Marx Brothers – und den haarsträubenden Deadpan-Witz beigesteuert; die Kunst des Deadpan, der mit Leichenbittermiene vorgetragen wird, hat Lardner meisterhaft beherrscht. Im angelsächsischen Bereich stützt sich die Nonsense-Literatur eben auf eine durchaus volkstümliche Überlieferung, die ein Rechtfertigungs-Etikett, wie »Dada« oder »absurd«, entbehrlich macht. Die scheinbar so abseitige Ausdruckswelt wird immer neu aus der Alltags-Trivialität gespeist. Ring Lardner – ständig auf der Jagd nach authentischem Material – notiert etwa das folgende Nicht-Gespräch in einem Omnibus:

Ältere Dame
zu einem jungen Mann: Bitte, wieviel Uhr ist
es?
Der junge Mann: Gleich halb vier.
Ältere Dame: Ach – und ich dachte,
Sie seien aus Mexico.

Viele Anregungen verdankte Lardner auch den Provinz-Poeten, jenen Sonntags-Genies der unfreiwilligen Komik. Einer seiner Lieblinge war der »Dichtende Polizist von St. Paul«, der, in dem Gedicht *An die Mutter*, den Todes-Stachel wie folgt abstumpfte:

>»Wenn – so von Ungefähr –
>Das Unvermeidliche geschäh . . .«

Eine Variante dieser Zeile findet sich in Lardners Kurzdrama *I Gaspiri (Die Polsterer)*, in dem man aber auch sonst auf seine Kosten kommt. Wir hoffen deshalb auf Ihr Verständnis bei dem nun folgenden Abdruck dieses Stückes – auch wenn es, wie die Regie-Anweisung vorschreibt, sieben Tage dauert.

I Gaspiri (Die Polsterer)
Ein Drama in drei Akten.
Aus dem Bukowinischen übertragen
von Caspar Redmonda.

Personen:

IAN OBRI	– ein Löschblattvertreter
JOHAN WASPER	– seine Frau
GRETA	– ihre Tochter
HERBERT SWOPE	– eine Null
FFENA	– ihre Tochter, später ihre Frau
ESGO	– ein Bleistiftschmecker
TONO	– ein typischer Papierkorb

1. Akt

Eine öffentliche Straße in einem Badezimmer.
Ein Mann namens Tupper hat augenscheinlich
gerade ein Bad genommen. Ein Mann namens
Brindle nimmt gerade ein Bad. Ein Mann namens
Newburn kommt aus dem Wasserhahn, den man
laufen ließ. Er tritt durch die Entlüftung ab.
Zwei einander völlig Fremde treffen sich auf der
Badematte.

ERSTER FREMDER: Wo sind Sien gebürtig?
ZWEITER FREMDER: Aus Ehelich.
ERSTER FREMDER: Das is ne enorm schöne
Gegend da unten.

ZWEITER FREMDER: Sin Sie verheiratet?

ERSTER FREMDER: Weiß ich nicht. Bei mir lebt ne Frau, aber ich weiß nich, wo ich sie hintun soll.

Zwei Unbefugte namens Klein gehen dreimal über die Bühne. Sie glauben, daß sie in einer Volksbücherei sind. Links hinter der Bühne hört man den Husten von ner Frau.

EINE NEUE PERSON: Wer isn der Husten?

ZWEI MOHREN: Das ist meine Kusine. Vor einiger Zeit ist sie zufällig gestorben.

EIN GRIECHE: Und das w a r vielleicht eine Frau!

Die Vorhänge fallen für sieben Tage, um das Verstreichen einer Woche a n z u d e u t e n.

3. Akt

Die Lincoln-Fernstraße. Zwei bärtige Leim- sieder haben auf einer Seite der Straße Platz genommen.

(Bemerkung des Übersetzers C. R.: Die führende Industrie in P h l a t z ist das Hamstern von Heu. Die Bauern sitzen entlang der Straße, an der vielleicht Heuwagen vorüberkommen. Wenn end- lich einer kommt, springen die Heu-Hamsterer aus ihrer Hockstellung und bedienen sich mit

68

einem Büschel Heu. Im Durchschnitt sammelt so
ein Heu-Hamsterer eine Tonne Heu in vier Jah-
ren. Man nennt das Mikado.)

ERSTER LEIMSIEDER: Na, mein Süßer, was
                    macht die Kunst?

ZWEITER LEIMSIEDER *singt:* Am Sonntag geht
                    mein Süßer mit mir
                    segeln, *um zu zeigen,*
                    was die Kunst macht.

Acht Grundstücksmakler überqueren w o h l w o l -
l e n d die Bühne. Sie haben da aber auch g a r
n i c h t s verloren.

Größtmögliche Trivialität bei größtmöglicher
Unvereinbarkeit ist also das Prinzip – die Poin-
tenlosigkeit als Mittel, um Zorn zu erwecken. So
etwas gibt es wohl auch im deutschen Sprachraum: vor allem in Österreich; nach Kriegsende
experimentierte man mit antilogischem Theater
solcher Art, so in der Wiener Gruppe um Art-
mann, Rühm und Bayer, oder in Graz Wolfgang
Bauer und andere. Als ein klassisches Vorbild
der Gattung könnte die Romantische Oper *Der*
wilde Jäger von Grillparzer gelten, mit ihrem
Angebot von Blitz, Donner, zehn wilden Stieren,
vierzig Violons, fünfzig Grenadieren und einem
Theaterbrand – bei einer Spieldauer von ca. d r e i

Minuten. Deutsche Entsprechungen, von Grabbe bis zu Graß' *Zehn Minuten nach Buffalo,* nennt man ohne Überzeugung – die Ähnlichkeit mit angelsächsischem Nonsense bleibt hier an der Oberfläche. Vor allem tritt das europäische Theater, nach dem Auftauchen der Vokabel absurd, meist mit erheblichem künstlerischem – um nicht zu sagen weltanschaulichem – Anspruch auf.

Ring Lardners Theaterbesuche entstanden ohne literarische Ambition – sie ergaben sich zwanglos aus dem Vorrat absonderlicher Einfälle, mit denen er die unermüdliche Party-Gesellschaft seiner New Yorker Freunde unterhielt. Einige dieser Improvisationen sind in den Erinnerungen der Beteiligten festgehalten worden; so beschreibt der Kritiker Edmund Wilson, wie Lardner sich nach einem fortgeschrittenen Trinkgelage aufs Unangenehmste von »Schwaalen« – »queels« bedrängt fühlte, die von draußen durch die Fenster äugten oder hartnäckig an seinen Kleidern hafteten. Ein anderes Mal habe Lardner – nach stundenlangem Schweigen – um Aufmerksamkeit gebeten, um die haarsträubende, endlos sich windende Geschichte zweier Füchse zu erzählen, die sich in der Badewanne abseiften, dabei einander unbeschreibliche Vorwürfe machten, um beim Entstöpseln der Wanne ein gänzlich unerwartetes Ende zu nehmen.

Auf Betreiben von Lardners Freunden wurden einige der Lardner-Szenen sogar aufgeführt – meist im »Lambs Club« in New York, dem Stammlokal, von einer Laientruppe illustrer Literaten und Theaterleute. Edmund Wilson erinnert sich, daß das Publikum durch diese Aufführungen zu einer fast verrückten Begeisterung hingerissen wurde. Wilson war es auch, der die ersten Texte in seiner Zeitschrift ›New Republic‹ publizierte, andere erschienen in Ben Hechts ›Chicago Literary Times‹ und verschiedenen ernsthaften Literaturmagazinen.

Das längste und wohl bemerkenswerteste Grotesk-Stück Lardners entstand 1927. *Dinnerbridge – Speisebrücke* entwickelt aus allen nur denkbaren Arten von Kauderwelsch und Dialekt eine babylonische Szene New Yorker Sprachenverwirrung. Der bauliche Hintergrund wird in der Vorbemerkung erläutert:

»Dieses kleine Stück ist eine Übertragung aus dem Wallachischen von Willie Stevens. Viele Jahre haben sich die Leute in Long Island und Manhattan überlegt, warum die Brücke an der 59. Straße immer wieder an einer oder verschiedenen Stellen aufgerissen wurde. Mr. Stevens

71

hörte darüber die folgende Version: daß nämlich Alexander Woollcott, der Chef-Ingenieur, bei der Errichtung der Brücke, einen Hang zu Späßen und Scherzartikeln hatte; und daß er am Tag der Vollendung der Brücke vom Bruder seiner Frau zum Essen eingeladen war; und daß er für seinen Schwager eine Knall-Zigarre kaufte, um sie ihm zu überreichen; und daß ihm diese Zigarre aus der Tasche fiel und unter die unfertige Brückendecke rollte. –

Seit dieser Zeit haben Bautrupps den Brückenbelag auf der Suche nach der Zigarre aufgerissen – aber ein Artikel in Form einer Zigarre neigt dazu, überall und in allen Richtungen herumzurollen. Dadurch wird es so schwierig, den verlorenen Artikel zu finden, und die (bisher) vergebliche Suche ist der Gegenstand von Mr. Stevens' kleinem Werk.«

Auf der Szene halten nun die Bauarbeiter ein zeremonielles Mahl ab. Ihre Gespräche haben selbstverständlich weder mit dem Fortgang der Arbeit, noch mit einer Zigarre das Geringste zu tun. Statt dessen heißt es in der Bühnenanweisung:

»*Trotz ihrer Herkunft*« – sie ist durch die Namen kenntlich – *»sind die Arbeiter gehalten, korrektes Dinner-Englisch, Marke ›Wappen-*

krone‹, zu sprechen, nur daß manchmal, sagen
wir bei jeder 4. oder 5. Rede, der Sprecher plötzlich in Dialekt ausbricht, in seinen eigenen, oder
Jiddisch oder Chinesisch oder was Sie wollen.«

Die von Anfang an recht opake Unterhaltung
entartet auf diese Weise zum Chaos, das zu der
Parodie auf feine Tischsitten in groteskem
Widerspruch steht. Es erhebt sich der Neger Taylor, um eine formelle Tischrede zu halten, die
.aber bald in die Vorführung diverser Vogel-
stimmen übergeht, bis die Gesellschaft ihn gewalt-
sam zum Schweigen bringt; der neu eingewan-
derte Mr. Amorosi beantwortet die Tischrede:

»Amorosi steht auf, um formell zu antworten:
Mr. Vormann – meine Herren! Der Vorführung von Mr. Taylor entnehme ich, daß die
Kunst, Vögel nachzumachen, in Amerika volks-
tümlich ist. Da wo i c h herkomme, obliegen wir
häufig dem Zeitvertreib, öffentliche Gebäude zu
imitieren. Zum Beispiel *er stößt einen Schrei
aus:* Rom, Bahnhof Termini! *er schreit wieder*
D e r   V a t i k a n! *erneuter Schrei* Das Hotel
Mc A l p i n!

*Eine Dampfpfeife ertönt; sie deutet an, daß
die Essenszeit vorüber ist.*

Vormann Crowley steht auf: N u n – wollen
wir den Damen Gesellschaft leisten?

73

Alle stehen auf und machen mit ihrer Brücken-aufreißarbeit weiter.«

Überdeckt von hahnebüchenem Ulk, enthält die Szene viele Anspielungen auf Rassenprobleme und -vorurteile in Amerika – Lardner hatte sie schon sehr früh, während seiner Verlobungszeit mit einer Jüdin, zu spüren bekommen. Die Reden der fast völlig beziehungslosen Dialogpartner sind auf eine bizarre Weise formal gegliedert, eine hohle Geselligkeit, ein Eindruck von unheimlich verzerrter Komik.

Das letzte von Lardners Grotesk-Dramen, *Quadroon,* das Ende 1931 in der Zeitschrift ›New Yorker‹ abgedruckt wurde, ist eine kaum verhüllte Parodie von Eugene O'Neills Dreizehn-Akter *Trauer muß Elektra tragen.* Dieses berühmteste von allen O'Neill-Stücken war am 26. Oktober 1931 in New York uraufgeführt worden. Lardner fand es bombastisch, vor allem wurde er durch die weihrauchgeschwängerte Stimmung im Theater abgestoßen. Die Spieldauer der Trilogie betrug sieben Stunden, dazwischen wurden mehrere ausgiebige Essenspausen eingelegt. In L a r d n e r s Version nehmen die Speisekarten den größten Raum ein.

Der Titel *Quadroon* – etwa *Viertelblut* – *in vier Kuhhäuten* spielt auf die Vermischung verschiedener Theater-Stile, und zugleich auf die etwas blutrünstige Südstaatler-Mythologie an – wir kennen ja diese spezifische Herrenrasse aus den einschlägigen Unterhaltungsromanen. Mit einem aufgeblasenen Vorwort ironisiert Lardner einen damals in vielen Zeitungen in Serie abgedruckten »Werkstattbericht« von O'Neill, worin dieser sich ziemlich eitel über den Entstehungsprozeß seines Werkes ausgelassen hatte.

Für solches Gehabe gab es bei Lardner keine Rechtfertigung. Die mythische Überhöhung eines Familienkrachs und, ganz allgemein, einer Sklavenhalter-Gesellschaft muß Lardner tief suspekt gewesen sein. Der Autor so bitterer Menschenportraits wie *Champion* oder *Das Liebesnest* kannte sich besser aus im Untergrund solcher Verhältnisse. Tragische Größe hatte er darin nicht sehen können – der Jargon des Alltags oder die unsinnige Farce schienen ihm angemessener.

Aber als er 1933 starb, hatte die neue Mythisierung des amerikanischen Lebens in der Literatur, etwa durch Faulkner und Thomas Wolfe, schon unaufhaltsam begonnen. Ring Lardner hatte auf dieser Szene, wie seine Grundstücksmakler, nichts mehr zu suchen.

Fünfzig Jahre Skandal im Weißen Haus
oder
Das Würstchen als Präsident

»Fünfundzwanzig Jahre D-Mark« – »Hundertfünfundzwanzig Jahre Paulskirche« – »Hundertfünfundsiebzig Jahre Heine«: Die Jubiläums-
Astrologie, von der Kulturdezernenten und Programmdirektoren sich so gerne Rat und Anregung suchen, ist schon eine absurde Wissenschaft.
Ein Mechanismus aus Namen, Kalender und
Dezimalsystem will uns vorschreiben, woran wir
uns erinnern sollen. Doch hin und wieder kommt
ein Sinn in den Unsinn. Dann scheint die runde
Zahl selber Geschichte zu machen, der Gedenktag, das Gedenkjahr erhält ein ironisches Alibi.
Von einem solchen Fall soll hier die Rede sein.

Vor – nunmehr über – 50 Jahren kam die
»Teapot-Dome«-Affäre ins Rollen. Sie überschattete sechs Jahre lang das Weiße Haus und
galt damals als der schlimmste Fall von krimineller Verstrickung eines Präsidenten in diesem
Jahrhundert. Der Rekord ist allerdings inzwischen überboten.

Wir möchten hier nicht nur auf die Affäre selbst, sondern auch auf den literarischen Niederschlag eingehen, den sie in der Arbeit von Francis Scott Fitzgerald gefunden hat. Gerade erlebten wir ein neuerwachtes Interesse an diesem literarischen Prototyp der Zwanzigerjahre. Sein Roman *Der große Gatsby* wurde aufwendig verfilmt. Ein bisher fast unbekanntes Theaterstück, das auf jenem Polit-Skandal basiert, wurde wieder entdeckt. Es wurde im Herbst des Jahres 1974 in Deutschland erstaufgeführt – 50 Jahre nach seiner amerikanischen Premiere.

Doch zunächst ein Stück Chronologie:

Januar 1920: Die achtjährige Amtszeit des 14-Punkte-Präsidenten Wilson, der seit Monaten krank und regierungsunfähig ist, geht zu Ende. Der liberale Demokrat, der Intellektuelle und Princeton-Professor wird abgelöst durch den Republikaner Warren Harding, einen unbedarften law-and-order-Mann aus Ohio.

Vorausgegangen war ein Jahr voller sozialer Unrast, Streiks und anarchistischer Amokläufe. Die agitatorische Tätigkeit der kleinen marxistischen Gruppen, die Schießereien und anderen Gewalttätigkeiten am Waffenstillstandstag 1919 und schließlich eine Serie von Bombenattentaten hatten zu einer weitverbreiteten Sozialistenfurcht geführt. Auf bloßen Verdacht hin wurden tausende von Menschen zu Gefängnis verurteilt – einige blieben darin bis zum Jahr von Roosevelts Amtsantritt. Das Zeigen der roten Fahne wurde in vielen Staaten gesetzlich verboten. Die amerikanischen Wähler wollten keine Linksintellektuellen und keine Experimente mehr· Mit Warren Harding wählten sie, mit überwältigender Mehrheit, die Hausbackenheit und Mittelmäßigkeit in Person.

Zusammen mit Harding hielt die sogenannte »Ohio-Gang« ihren Einzug in Washington, ein Klüngel von alten Kumpanen, die nun den Lohn für ihre Treue bekommen sollten. Zunächst gab es kleinere oder größere Pöstchen für jeden. Der alte Kumpel Harry Daugherty wurde Generalstaatsanwalt. Hardingfreund Albert Fall wurde Innenminister. Andere alte Kameraden erhielten ihre Pfründen in patriotischen Vereinigungen wie der Veteranen-Organisation.

Minister Fall hatte sofort nach der Amtsübernahme das Verfügungsrecht über die staatlichen Ölfelder von Elks Hill, Kalifornien, und Teapot Dome, Wyoming, für sein Amt beansprucht. Im Frühjahr 1922 nutzte er dieses Privileg und überließ die Ausbeutung dieser Lager, die als strategische Reserve dienen sollten, den Privat-Industriellen Sinclair und Doheny.

Trotz strikter Geheimhaltung wurde die Sache bald ruchbar und erweckte das Mißtrauen des Senats. Ein Ausschuß unter Leitung des angesehenen Senators Walsh wurde zur Aufklärung der Vorgänge einberufen. Der Ausschuß brauchte 18 Monate, bis er endlich in seine öffentlichen Hearings eintreten konnte. Im Oktober 1923 wurde Albert Fall zum ersten Mal vernommen. Es sollte sich bald zeigen, daß die staatlichen Privilegien für ihn und andere Freunde aus der Ohio-Gang zu einem einträglichen Geschäft geworden waren.

Gerüchte über die Korruption in der Harding-Administration kursierten allerdings schon seit Anfang 1923 und hatten dem Ansehen des Präsidenten schwer geschadet. Anfang Juni 1923 raffte er sich zu einer ausgedehnten Vortragsreise auf, um das Wahlvolk zu besänftigen. Seine angeschlagene Gesundheit war den Strapazen nicht gewachsen. Während der Reise erlitt er einen Zusammenbruch und am 2. August starb er an einem Schlaganfall. Vizepräsident Calvin Coolidge wurde an seinem Ferienort von seinem Vater, einem Friedensrichter, als neuer Präsident vereidigt . . .

Coolidge hatte mit der korrupten Harding-Gefolgschaft nichts zu tun gehabt, aber die immer mehr anwachsende Affäre belastete auch seine Amtszeit. Der »Teapot-Dome«-Skandal fand sein Ende erst nach sechs Jahren: Am 1. Oktober 1929, drei Tage nach dem »Schwarzen Freitag«, wurde Exminister Fall zu Gefängnis und einer hohen Geldstrafe verurteilt. Durch die Untersuchungen waren noch eine Reihe weiterer Unredlichkeiten im engsten Kreis des Präsidenten zutage getreten – angefangen vom Handel mit staatlichen Patenten und Lizenzen, Unterschlagungen von Geldern der Veteranen-Organisation bis zum Handel mit Alkohollizenzen. Es ist wohl kaum Ironie, eher schlichte Logik, daß Harding seinerzeit, gegen das Votum des Präsidenten Wilson, das Prohibitionsgesetz mit durchgesetzt hatte.

Dies war der politische Hintergrund des Bühnenversuchs von Francis Scott Fitzgerald, dem wir uns nun zuwenden wollen. 1923 war Fitzgerald, der Autor des Romans *This Side of Paradise*, fast so etwas wie der Sprecher der jungen Generation, die sich bald die »Lost Generation« nennen sollte. Seine Popularität ließ sich unter anderem an den Honoraren ablesen, die er bei Zeitungen und Illustrierten für seine Kurzgeschichten kassierte – damals schon 2500 Dollar für eine Arbeit.

Seine wichtigsten Bücher aber hatte er noch nicht veröffentlicht. In Arbeit war bereits der Roman, der als dichte psychologische Studie und als Porträt seines Jahrzehnts, Fitzgeralds erstes Hauptwerk werden sollte: *Der große Gatsby*.

Aber in den Jahren 1922–23 unterbrach er die Arbeit an dem Roman mehrfach, um sich mit einem Theaterprojekt zu beschäftigen – nach der Collegezeit der erste, und auch letzte Versuch in diesem Genre. Durch einen Bühnenerfolg – das war der Traum vieler Autoren damals – hoffte er endlich für einige Zeit der Geldnot zu entkommen. Denn auch mit der lukrativen Illustriertenschreiberei wollte es nie reichen für das rauschende Partyleben und alle Ansprüche der verwöhnten Frau Zelda.

Das Stück, eine Posse in drei Akten, wurde nach mehrfachem Umschreiben im Sommer 1923 von einem Theater-Manager angenommen. Es hieß *The Vegetable – From President to Postman,* deutsch etwa: *Das Würstchen oder Vom Präsidenten zum Briefträger.* Der Titel enthält die ironische Umkehr jenes amerikanischen Klischees, nachdem jedem, auch dem einfachsten Bürger, das höchste Staatsamt erreichbar sei.

Bei aller Verschiedenheit, auch in der Qualität, geht es in beiden, zeitlich zusammenliegenden

Werken Scott Fitzgerald um ein gemeinsames Thema: um den »amerikanischen Traum« und das Erwachen des Träumers in der korrupten Wirklichkeit.

Im *Großen Gatsby* sind dies die Elemente einer Tragödie. Jay Gatsby, durch Skrupellosigkeit reich geworden, sucht nach dem verlorenen Glück und der Jugendgeliebten. In traumhaften, maßlosen Festlichkeiten auf seinem Landgut will er beides wiedergewinnen – ein geheimnisvoller Mittelpunkt eines Schwarms von zweifelhaften Freunden, die kaum wissen, wer er ist, und die sofort verschwunden sind, als sich sein Glück wendet. Gatsbys Ende, nach der falschen Anschuldigung, eine Frau totgefahren zu haben, ist nur noch ein äußeres Zeichen des verfehlten Lebens. Das, was er eigentlich wollte, hat er durch den Erfolg verspielt.

Die Bühnenposse vom *Würstchen als Präsident* erscheint, obgleich zeitlich vorher, wie ein Satyrspiel zum gleichen Thema: das Klischee von der demokratischen Gleichheit ist Wirklichkeit geworden. Demokratie machts möglich, daß die vollkommene Null, der erbärmliche, von seiner ehrgeizigen Frau geknechtete Angestellte Jerry Frost sich zum Präsidenten aufschwingt. Mit einer tüchtigen Portion Prohibitionsfusel hat er sich dazu Mut gemacht. Und nun verwandelt er – im zweiten Akt –, zusammen mit der Kleinbürgerfamilie und Gangsterfreunden, das Weiße Haus in ein Weißes Tollhaus. Der Staat wird buchstäblich ausverkauft und steht vor dem Bankrott. Der Wahnsinn gipfelt darin, daß sogar der große General PUSHING verhöhnt wird und noch nicht einmal einen kleinen, preiswerten Krieg führen kann:

GENERAL PUSHING: *mißbilligend* Ich könnte Ihnen einen ganz netten Krieg ziemlich billig liefern. Eine Schlacht könnte ich fast umsonst besorgen. *Mit wachsendem Ärger* Aber ein guter Präsident sollte schon sagen können, wieviel wir uns leisten können.

JERRY: *jetzt sehr aufgebracht* Wissen Sie was? Wie wärs, wenn Sie mal Präsident spielen würden, wenn Sie alles besser wissen?

GENERAL PUSHING: *gleichgültig* Ich habe oft gedacht, was dieses Land braucht, ist ein Soldat an seiner Spitze.

JERRY: Also gut – bitte, nehmen Sie dieses Jackett und den Zylinder!

Jerry zieht sein Jackett aus. McSullivan tritt bestürzt vor

MCSULLIVAN: Wenn eine Rauferei stattfinden

soll, würden wir nicht besser in den Billard-
raum gehen?

JERRY: *beharrlich zu General Pushing* Los, geben
Sie mir Ihre Mütze und die Jacke!

GENERAL PUSHING: *entgeistert* Aber – Mr. Präsident . . .

JERRY: Hören Sie mal gut zu: Wenn i c h der
Präsident bin, dann machen Sie, was i c h sage.
*General Pushing nimmt gehorsam seinen
Degen ab, zieht die Jacke aus und nimmt seine
Mütze ab. Er nimmt eine gebückte Stellung
ein und tanzt drohend, mit erhobenen Fäu-
sten, um Jerry herum. Aber statt zurückzu-
weichen, schlüpft Jerry schnell in die Generals-
jacke, setzt die Generalsmütze auf und legt
den Degen an.*

JERRY: Also – was stehen Sie denn noch so küm-
merlich herum?

GENERAL PUSHING: *kläglich* Bitte, Mr. Präsident!
Geben Sie mir meine Mütze und meine Jacke.
Ich bin wirklich immer für einen Scherz zu
haben, aber . . .

JERRY: *nachdrücklich* N e i n , ich werde sie Ihnen
n i c h t geben. I c h bin jetzt General, und ich
ziehe in den Krieg. Sie können ja hierbleiben.
Sarkastisch zu Mr. McSullivan Er wird schon
alles in Ordnung bringen, Mr. McSullivan.

GENERAL PUSHING: *flehentlich* Mr. Präsident!
Vierzig Jahre habe ich auf diesen Krieg gewar-
tet! Nehmen Sie mir doch nicht jetzt meine
Jacke und Mütze weg, wo wir es fast geschafft
haben!

JERRY: *zeigt auf die Hemdsärmel* Ein schöner
Aufzug, in dem Sie da im Weißen Haus
herumlaufen!

GENERAL PUSHING: *am Boden zerstört* Was soll
ich machen? Wer hat mir denn meine Jacke
und meine Mütze abgenommen?

JERRY: Wenn es Ihnen nicht paßt, können Sie
abhauen.

Bei solchen Taten und solchen Reden kann die
Strafe nicht lange ausbleiben. Von einem grotesken
Tribunal popanzhafter Richter wird Präsident
Frost angeklagt und verurteilt. – Das »impeach-
ment« des Präsidenten, wie es hier gezeigt wird,
gehörte auch im Watergate-Jahr zum aktuellen
Vokabular.

Schließlich der dritte Akt der Posse: Der besof-
fene Traum ist aus, Jerry ist wieder der kleine
Mann – und doch ein anderer. Auf wunderbare
Weise hat sich nämlich sein langgehegter Wunsch
erfüllt: er durfte Briefträger werden. Der Autor
hat hier schon vorweg die Gedanken seines

Publikums gelesen – oder besser: den einen Gedanken beim Anblick jenes *Würstchens im Weißen Haus*. Das Publikum denkt: »Da sieht mans
mal wieder – ein jeder gehört auf seinen Platz« –
und schon wird auch diese Lieblingsparole der
Freunde der Hierarchie in ihrer ganzen, unerträglichen Beschränktheit konkret vorgeführt.
Jerry als schlagerhaft zufriedener, kitsch-bunter
Briefträger – das ist eine Schlußszene von sacha-
rinsüßem, bösem Sarkasmus.

JERRY: Ist das hier die Nummer 2127? Falls
das richtig ist, habe ich einen schönen Haufen
Post für Sie.
DORIS: *mit wachsendem Interesse* Was meinen
Sie damit: »Einen schönen Haufen Post?«
JERRY: Was ich m e i n e? Na, ich meine – eben
viele verschiedene Sorten. *Er stöbert in seinem
Sack.* Ich habe acht Briefe für Sie.
DORIS: Sagen Sie mal – Sie sind neu hier, nicht?
nicht?
JERRY: Jawohl, ich bin hier neu, aber ich bin
auch gut. *Er holt eine Handvoll Briefe heraus.*
Ich bin der Beste, den Sie bisher hatten.
FISH: Woher wissen Sie das? Hat man Ihnen das
gesagt?
JERRY: Nein – ich hab so was im Gefühl. Ich

86

kenne meinen Job. Ich kann jedem anderen
Briefträger noch Postkarten und Marken dazu-
geben – trotzdem schlage ich ihn bei weitem!
Ich bin von Natur gut. Ich weiß nicht
warum.

DORIS: Ich habe nie gehört, daß ein Briefträger
gut sein kann.

JERRY: Fast alle sind gut. Es gibt ja Berufe, da
kommt fast jeder rein, Kaufleute oder Poli-
tiker z. B. – aber nehmen Sie mal die Briefträger – die sind wie E n g e l, die werden ausgesucht. *Bedeutsam* Oder, man sucht sie nicht
aus – man e r w ä h l t sie!

FISH: *fasziniert* Und Sie sind der Beste!

JERRY: *bescheiden* Ja, ich bin der Beste, den sie
je hatten. *Er betrachtet die Briefe.* Also, hier
haben wir aber mal eine raffinierte Reklame.
Ich habe heute morgen schon viel davon ausge-
tragen. Es ist was für Kinder, wissen Sie. Es
kommt von einer Teppichfirma.

FISH: Zeigen Sie mal her.
Er greift nach der Reklame – gierig.

JERRY: Ist das nicht lustig? Und dann habe ich
zwei Rechnungen für Sie. Ich könnte sie natürlich verstecken. Aber vielleicht wollen Sie ja
mal Ihre Konten in Ordnung bringen. Manche
Leute bekommen gerne Rechnungen. Die alte

Dame von nebenan wollte ihre unbedingt haben! Ich habe ihr drei gegeben, und man hätte denken können, daß es *Schecks* waren.

Eine Posse ist etwas, worüber das Publikum möglichst lachen sollte. Aber das Publikum von 1923 kam in Fitzgeralds Stück nicht auf seine Kosten. Über Präsidenten lachte man damals noch nicht, zwei Monate nach Hardings Tod war es auch nicht schicklich. Ansonsten sahen die Zeiten rosig aus, und Zyniker waren dünn gesät. Was sonst noch in Frage kam, die Patrioten, die unbekehrbaren Demokraten und natürlich die bequemen Untertanen – sie alle mußten sich am Ende in dem *Würstchen*-Stück verhöhnt sehen. Die Folgen kann man sich ausdenken: Schon am Abend der Vorpremiere in Atlantik City – es war zunächst eine Testaufführung, die eigentliche Premiere auf dem Broadway sollte erst noch folgen – verließ das Publikum das Theater in Scharen, und nach drei Tagen mußte man ganz zumachen. Scott Fitzgerald, der sich monatelang mit nichts anderem beschäftigt hatte, steckte mit 5000 Dollar Schulden tiefer denn je in der Misere. Den ganzen folgenden Winter, bis zum Frühjahr 1924, mußte er für Illustrierte Massenblätter von der Art der ›Saturday Evening Post‹ Kurzprosa vom Fließband produzieren, bevor er sich wieder seinem eigentlichen Interesse, dem *Gatsby*-Roman, zuwenden konnte.

Es waren nicht nur die ungünstigen Umstände. Das Stück hatte zweifellos Mängel. Abrupt wechselt es zwischen Wohnküchen-Realismus und marionettenhafter Groteske à la Jarry hin und her. Es ist dramaturgisch ungenau, manche Figuren sind nur flache Stichwortbringer – und selbst dann noch widersprüchlich. Durch eine sorgfältige Regie müssen die eigentlichen Qualitäten herausgearbeitet werden. Die Mitwirkung des Autors bei der Uraufführung war dabei wohl eher hinderlich.

Fünfzig Jahre später betrachten wir das kleine Opus mit anderen Augen. Uneinheitlichkeit oder Brüchigkeit der Form sehen wir unter Umständen als Vorzug an – zum mindesten ist es aufschlußreich. Manche inhaltlichen Details konnte das Publikum von damals auch noch nicht würdigen: Der Skandal im Weißen Haus sollte sich ja erst noch zur vollen Blüte entfalten. So zeugt, was hier über die politische Szene ausgesagt wird, von einer Hellsicht, die gerade bei diesem Autor verblüfft. Jerry und seine zänkische Frau erscheinen uns heute fast wie Abbilder des Präsidenten-Ehepaars Harding. Fitzgerald hat sie selbst später, in einer autobiographischen Notiz, so beschrieben:

»Eine Stoffpuppe saß auf dem U.S.-Thron und wand sich unter dem Tritt der Erpresser, fast als ob sie lebte. Und der amerikanische Schläfer, stöhnend in seinem Bett, befürchtete von seiner Frau vergiftet zu werden – aufgehetzt von dem weiblichen Rasputin, der damals die letzten nationalen Entscheidungen fällte.« Das ganze Ausmaß der Korruption um den Präsidenten war zur Zeit der Abfassung des Stücks noch gar nicht bekannt. Aber rückblickend möchte man in dem lächerlichen Projekt, den Staat Indiana an einen Branntwein-Gangster zu verschachern, nicht allein die Affäre Harding, sondern schon fast eine Karikatur des großen Booms erblicken, der 1929 mit einem Schlag endete, und der ja zum großen Teil auf ungedeckten Grundstücks-Spekulationen und auf der Anziehungskraft krimineller Praktiken beruhte, die die Prohibition mit sich gebracht hatte. Es war ja wirklich so: Die gewählten Präsidenten, auch nach Harding, waren farblos und passiv; bewundert wurden Al Capone und seine Mordgenossen, und sie waren die eigentlichen Herren des Landes.

Francis Scott Fitzgerald war in vieler Hinsicht eine typische Figur »seines Jahrzehnts«, das ja von ihm auf den Namen »Jazz-Age« getauft worden war. Typisch war auch, wie für die Mehrheit der amerikanischen Intelligenz, die, bei aller Hellsicht, durchaus unpolitische Haltung. Er war ein genauer, sensibler Beobachter, aber die Phänomene, die er erkannte, blieben isoliert, eigentlich unverständlich. Das gilt für seine Literatur ebenso wie für seine persönlichen Erfahrungen als Schriftsteller. Mehr als die meisten seiner Kollegen hat er zu spüren bekommen, was »Vermarktung eines Autors« bedeutet. Zehn Jahre lang war er ein Star, erzielte Höchstpreise für minderwertige, schnellfabrizierte Ware – er wußte es auch und schämte sich. An seinen Agenten schrieb er am 8. Januar 1920: »Ich wäre fast vom Stengel gefallen, als Sie mir schrieben, daß Sie die Story verkauft haben – noch nie hatte ich eine Story so satt, bevor sie noch fertig war.« – Fünfzehn Jahre später, am Ende seiner Laufbahn und fast vergessen, mußte er sich für viel bessere Arbeiten mit 100 oder 200 Dollar begnügen – und diese waren schon für den dringendsten Lebensunterhalt verbraucht, bevor er sie erhalten hatte. Zu keiner Zeit aber, auch nicht beim höchsten Stand seines Marktwerts, gelang ihm ein kommerzieller Erfolg mit den großen Romanen, mit *Gatsby* oder *Tender Is the Night*, von deren

Qualität er zu Recht überzeugt war. Der Literaturhandel spielte sich immer wieder auf die gleiche Weise ab, je älter er wurde, desto schlechter die Verkäuflichkeit. Er betrachtete das mit einer gewissen Faszination, schrieb oft darüber, gab amüsierte, später bittere Kommentare dazu, sah aber nie mehr darin, als das unvermeidliche Künstlerlos.

Francis Scott Fitzgerald starb 1940 mit 44 Jahren. Nicht lange danach begann die Literaturwelt sich wieder auf ihn zu besinnen – allerdings, wie er es selbst einmal ironisch prophezeite, in der Form von biographischen und literaturhistorischen Studien, die mehr Leser fanden, als seine originale Prosa. Manche seiner Arbeiten wurden in Buchform erst zwanzig Jahre nach seinem Tod zugänglich, wie z. B. die *Pat Hobby Stories,* die 1962 erschienen.

Es ist noch immer so: Manche Autoren müssen gut abgelagert sein, bevor sie beachtet werden. So wird, zur gleichen Zeit, da die fünfzigste Wiederkehr des »Teapot-Dome«-Skandals im Weißen Haus auf besonders aparte Weise gefeiert wird, auch die literarische Hauptfigur jener Jahre wieder ausgegraben. Die Ironie bleibt ihm dabei treu: Man entdeckt ihn besonders an den Stätten seines Unglücks – auf dem Theater und im Film.

Während der letzten Jahre seines Lebens hatte Scott Fitzgerald als Skriptwriter in Hollywood gearbeitet und zugleich an seinem Roman *Der letzte Taikun* geschrieben. Der Roman blieb unvollendet, aber schon das Fragment und – bedrückender noch – die etwa gleichzeitig entstandenen *Pat Hobby Stories* zeigen die demütigenden Umstände, die Unmenschlichkeit der »Traumfabriken«, wo Stars, Komparsen, Texte-Verfasser von rasch wechselnden Konsum-Trends auf- und abgewirbelt werden wie tote Blätter.

Es war also schon fast ein system-immanenter Zynismus, als im Jahre 1973 die Verfilmung von Fitzgeralds Roman *Der Große Gatsby* in der amerikanischen Presse als das »größte nationale Filmereignis seit den Dreharbeiten an *Vom Winde verweht*« bezeichnet wurde. Die großen Party-Szenen drehte man in Newport, Massachusetts, unter starker Beteiligung der echten High-Society, die ohnehin zur Zeit wieder tiefe Taillen und Pagen-Haarschnitte bevorzugte. Die wilden Parties wurden etwa auf der Hammersmith Farm gedreht, dem Eigentum der Familie der Jacqueline Onassis, und an anderen Schaubühnen der Geldaristokratie. Der Darsteller des Tom Buchanan – in Fitzgeralds Buch Gatsbys Antipode und zynischer Erfolgsmensch – erklärt ohne Scheu: »Es ist, als käme ich nach Hause, nachdem ich achtzehn Jahre lang nur unangepaßte Außenseiter gespielt habe.«

Scott Fitzgeralds Theaterposse vom *Würstchen als Präsident,* das gleichzeitig wieder auf den Bühnen erschien, führt uns nicht weniger zeitgemäße Figuren vor. Dunkle Geschäftemacher als enge Vertraute des Präsidenten, Nepotismus und Cliquenwirtschaft – kommt uns das nicht sehr bekannt vor? Es scheint, in 50 Jahren hat sich die Welt nicht sehr verändert.

Für eine Hauptfigur des verfilmten Romans, Daisy Buchanan, hat man als Star Mia Farrow ausgesucht, denn sie hat, wie die PR-Leute angeben, dafür den richtigen Habitus: »Etwas Schmetterlingshaftes, das man beschützen muß«, und schon nach kurzer Probezeit ist sie so schüchtern, daß sie selbst sagt: »Ich stottere schon fast, wenn ich interviewt werde.« Fast meint man hier Fitzgeralds Frau Zelda wieder zu sehen, die kühle Schönheit aus Alabama, die in den Zwanzigerjahren der Inbegriff einer modischen Society war: jünglingshaft, launisch, Art-Déco von Kopf bis Fuß. Das Leben war ein Flitterfest. Spät aufgestanden und nach ausführlicher Toilette, traf man zum Tanz im Princeton-Club ein, man hopste in voller Montur in den Rockefeller-Brunnen und sauste im Morgengrauen, im offenen Automobil, lachend und lallend durch den Central-Park. Manchmal vergingen Monate, bevor Fitzgerald wieder zum Schreiben kam. Und wenn es ihm einmal damit Ernst war, kam Zelda ihm regelmäßig in die Quere: »Ich verstehe gar nicht«, klagte sie, »warum Scott immer die mühsamen Romane schreiben muß, wenn er mit den Short Stories so viel Geld verdient.«

So wird die eine Halbwelt durch die andere komplett. Ist Präsident Jerry Frost der Sphäre finsterer Kleinbürgerei entstiegen, hilflos und unfreiwillig komisch wie alle Parvenüs, so ist Daisy und die Welt des Gatsby der Bereich der gelangweilten Drohnen, der mühelos Erfolg-reichen: Man amüsiert sich, und weiß nicht auf wessen Kosten – doch was tuts.

›»Wer ist er?« fragte ich, »haben Sie eine Ahnung?«

»Er ist bloß einer namens Gatsby.«

»Woher kommt er, meine ich. Was macht er?«

»Sehen Sie, jetzt haben S i e damit angefan-gen«, antwortete sie mit einem schwachen Lächeln. »Naja, er erzählte mir mal, daß er in Oxford war.«

»Na – jedenfalls gibt er große Parties«, sagte

Jordan und wechselte den Gegenstand mit einer urbanen Abneigung gegen alles Konkrete.‹

Auch dieser Typus findet in dem Stück vom *Würstchen* seine Entsprechung – eine Nummer kleiner, wie ja das ganze Stück in kleineren gesellschaftlichen Verhältnissen spielt:

So, und jetzt erzähle ich Ihnen was über Doris. Sie ist neunzehn, glaub ich, und hübsch. Sie ist nett und schlank, und ihre Kleidung ist eine erstaunlich gute Nachahmung der derzeitigen Mode. Sie gehört zu dem Teil der Mittelklasse, deren junge Damen ein bißchen zu stolz sind, um zur Arbeit zu gehen, und die doch ein bißchen zu sehr darauf angewiesen sind. In dieser Stadt mit etwa einer Viertel Million Menschen kennt sie ein paar Mädchen, die einige Mädchen kennen, die »tonangebend« sind, und durch diese Verbindung hält sie sich für einen Teil der Aristokratie in dieser Gegend. In ihrem Denken, ihren Angewohnheiten und ihren Manieren ist sie eine ganz ordentliche Kopie des üblichen Starlets, mit einer Beimischung von diesjährigen Debütantinnen, die sie in der Innenstadt zu sehen kriegt. Doris kennt die Vornamen und das Prestige jeder Debütantin, und sie verfolgt die verschiedenen Affären der Saison, soweit sie in der Gesellschaftsspalte abgedruckt werden.

High Society und ihre Nachahmer – ein Präsident und seine Karikatur – Filmstars, Glamour-Kulisse und andächtiges Kinopublikum – es reproduziert sich wieder die Konstellation der beiden einander ergänzenden Werke Scott Fitzgeralds, die fünfzig Jahre alt werden – zusammen mit dem Politskandal im Bühnenhintergrund.

Hier hat auch die Nostalgiewelle ihr Gutes. Dieser Blick zurück, der es in diesem Fall zunächst wohl nur auf Scott Fitzgeralds Mittelscheitel und Zeldas Knopfmündchen und Paillettenkleider abgesehen hatte, könnte unversehens eine ganze Gestalt und ein literarisches Werk ins Bewußtsein rücken, die gerade im deutschen Sprachraum zu Unrecht wenig bekannt sind.

Eine pikante kleine Lesefrucht soll uns zum Schluß wieder an den politischen Ausgangspunkt erinnern. Es ist eine Glosse des amerikanischen Star-Journalisten Steward Alsop, erschienen im Juli 1973 im Nachrichtenmagazin ›Newsweek‹. Am Ende eines Essays über den moralischen Katzenjammer, den die Watergate-Enthüllungen überall in Amerika nach sich zogen, gibt Alsop die folgende kleine Reminiszenz zum besten, die hier unkommentiert für sich selber sprechen kann:

»Damals, im Jahr 1959, arbeitete ich an einem journalistischen Porträt des damaligen Vizepräsidenten Nixon und besuchte auch seine Mutter, die verstorbene Mrs. Francis Nixon, in ihrem Haus bei Whittier, Kalifornien. Sie sah ihrem Sohn sehr ähnlich – Sprungschanzen-Nase und so weiter – und sie war eine charmante und bemerkenswert gut aussehende Dame. Es war reizend, wie stolz sie auf ihren erfolgreichen Sohn war, und sie zeigte mir eine Riesensammlung von Fotos aus seiner Kindheit und andere Souvenirs. Dann erzählte sie mir eine kleine Geschichte über ihren Richard:

›Eines Abends‹, sagte sie, ›als er etwa 12 Jahre alt war, lag Richard auf dem Boden ausgestreckt und las in der Zeitung über den »Teapot-Dome«-Skandal. ›Mutter‹, sagte er, ›weißt du, was ich sein will, wenn ich erwachsen bin? Ich will ein e h r l i c h e r Rechtsanwalt sein, der nach Washington geht, um den Leuten zu helfen – nicht um sie reinzulegen.‹«

»Man kann fast sicher sein«, so fährt Stewart Alsop halb staunend, halb sarkastisch fort, »daß er sich selbst noch immer nicht viel anders sieht, als jener idealistische zwölfjahrealte Junge.«

Hier haben wir das Material für einen neuen Satiriker, dem wir allerdings eine gehörige Portion Grimmigkeit bei seiner Arbeit wünschen: Der Schaden, den solche Zwölfjährige heutzutage anrichten, ist allzu groß für eine liebenswürdige Komödie.

Vorwärts ins Paradies
oder
Was ist dran an McLuhan?

Auf der Mattscheibe ein zerfurchtes Gesicht, ein
pausenlos sich bewegender Mund, ein pausenlos –
wie selbsttätig – sich bewegender Mund. Aus dem
Lautsprecher ein ununterbrochener Strom von
Behauptungen und Sophismen, entlegenen Zita-
ten und verblüffenden Kurzschlüssen. Auf der
Mattscheibe, im Hintergrund, zuckend eine Folge
von Op- und Pop-Kulissen, verwischten Detail-
Fotos und Lichteffekten, die den Kopf des Red-
ners verzerren und wie einen Variété-Zauberer
mit einer Aura umgeben: Es spricht MARSHALL
McLUHAN, ein Intellektueller, wie er im Buch
steht – und dennoch der Liebling der amerikanischen Snob-Society und der Reklame-Hoch-
burg der New Yorker Madison Avenue, die ihm
zu seinem unwiderstehlichen Image verholfen
hat: Unmöglich, von McLuhan nicht gefesselt zu
sein!
Die Meinungsmaschine läuft und läuft und
spuckt Vokabeln aus:

DER ERSTE POP-PHILOSOPH!
DER GRÖSSTE DENKER SEIT NEWTON, DARWIN,
FREUD, EINSTEIN UND PAWLOW!
DER PROPHET VOM NEUEN LEBEN, DER WEITE,
DER KÜNSTLICHEN STÄDTE, WELTRAUMKUPPELN,
ÜBERDACHTEN SHOPPING-ZENTREN, AUTOBAH-
NEN, FERNSEHFAMILIEN, DER GANZEN WELT
NEUER TECHNOLOGIEN, DIE SICH JENSEITS DER
ALTEN STÄDTE DES OSTENS IN DEN WESTEN
ERSTRECKT!

Die Börse floriert, Höchstpreise werden bezahlt
– ein Boom in solchen Papieren wird nicht oft
registriert. Wie kam es zu diesem Enthusiasmus?
Wohin führt er? Was hat McLuhan uns zu bieten?

Marshall McLuhan, geboren 1911 in Edmon-
ton, Kanada, ist der Autor von Büchern wie *Die
Gutenberg Galaxis* und *Die Magischen Kanäle*.
Er gehörte zum Herausgeber-Team des bahn-
brechenden sozio-technologischen Magazins ›Ex-
plorations‹. Er erfand so eingängige Slogans wie
»The Medium is the Massage«: »Das Medium
ist« – je nach Schreibweise – »die Botschaft« oder
»die Massage« – eine Formel, von der ein Kritiker schrieb, sie habe ihren Platz in der amerikanischen Volksweisheit gefunden, neben Kern-

sätzen wie »Nette Kerle habens am schwersten«, oder Henry Fords »Geschichte ist Mist«.

Aber – es ist leicht, die Erscheinung ironisch zu nehmen. Schwerer ist es schon, die Faszination zu begreifen, die Marshall McLuhan ausübt – auch unter den Gebildeten unter seinen Verächtern.

Popularität ist noch kein Grund zum Naserümpfen; auch modische Schwärmerei trifft manchmal Unschuldige. So wäre der w a h r e McLuhan erst einmal aus seinem Werbe-Image herauszulösen; allerdings bleibt sein V e r h ä l t - n i s zur Werbung dabei ein wichtiger Gesichtspunkt.

Der biografische Hintergrund ist hier nicht ohne Bedeutung. Nach einem kurzen, doch bemerkenswerten Maschinenbau-Studium widmete McLuhan sich der Literaturwissenschaft, und absolvierte bis etwa zum 40. Lebensjahr die traditionell unauffällige Karriere eines Gelehrten an der kanadischen Universität Toronto. Er erwarb sich durch literarhistorische Studien einen achtbaren Ruf unter Fachkollegen – nichts lag ihm ferner als Ruhm oder Rummel in der Massengesellschaft. Seiner Vorliebe für mittelalterliche Philosophie, für die Elisabethaner und die von den Symbolisten ausgehende, kanonische

Literatur eines T. S. Eliot, Pound und Joyce entsprach der Lebensstil eines kontemplativen Buchmenschen. Folgerichtig wird dieses Bild durch einen weiteren Zug ergänzt: das Ressentiment, die Verachtung des banausischen Großstadtpöbels und seiner »Bindungslosigkeit«. In seiner ersten Publikation, 1936, rühmt McLuhan den englischen Romancier Gilbert Keith Chesterton und dessen Plädoyer für die »Rückkehr zu Ländlichkeit und bescheidenem Besitz als einziger Basis jeder freien Kultur«. Eine solche Haltung – als natürliche Folge eines elitären Lebensgefühls – scheint die sogenannten Brotlosen Künste oft zu begleiten.

Ungewöhnlich ist daran nur eines: Das Ressentiment war ungewöhnlich heftig. Es scheint, daß McLuhan sich mit der Außenseiterrolle des Intellektuellen schwerer als andere abfinden konnte. Sein wütender Pessimismus angesichts der »kalten« technologischen Gesellschaft gab dann auch den Anstoß zu seinem ersten aufsehenerregenden Buch *Die mechanische Braut – Folklore des industriellen Menschen,* das 1951 erschien. Es ist eine ätzende, geradezu vernichtende Analyse des manipulierten Konsum-Bewußtseins – 6 Jahre v o r Vance Packards Erfolgsbuch *Die Geheimen Verführer* – das

McLuhan später abschätzig beurteilte, da es sich gegen »überholte Zustände« gewendet habe.

Wir wollen uns nicht damit aufhalten, den ganzen Werdegang vom Kultur-Pessimisten zum Pop-Philosophen nachzuzeichnen. Festhalten sollte man jedoch: Marshall McLuhan, der hymnische Verkünder der technologischen Zukunft – war einst ihr Widersacher. Er ist ein Konvertit – und dies, seit seinem Übertritt zur katholischen Kirche, auch im gebräuchlichen Sinne. Anspielungen darauf findet man in vielen Kritiken, etwa, wenn McLuhans System einmal als die »lebendige, scharfsinnige, aber unendlich verkehrte *Summa* eines mittelalterlichen Logikers« bezeichnet wird. Emotionales mag hier mitspielen. Dennoch: ein schriller Ton ist manchmal in McLuhans Sprache; man spürt den unduldsamen Gestus des Bekehrten: Widerspruch sogleich als Dummheit abzustempeln.

Worum nun geht es in McLuhans streitbarem Entwurf? Was ist sein gedanklicher Kern?

Als Anhaltspunkt für weitere Betrachtungen zunächst das Wichtigste:

Die menschliche Gesellschaft befindet sich in einer tiefen Krise. Ihre Ursache liegt in einem durchgreifenden technologischen Umbruch, der seinerseits die Konsequenz einer früheren Auseinandersetzung ist; der Höhepunkt der letzteren fiel in die Zeit der Renaissance.

Die gesellschaftliche Entwicklung begann mit der langanhaltenden Periode einer mündlichen und haptischen Kultur, die zunächst langsam, o durch Gutenbergs Erfindung aber beschleunigt, von einer visuellen Epoche abgelöst wurde, deren sämtliche Wesenszüge mit dem gedruckten Wort zusammenhängen. Heute verlassen wir diese und treten in die ganz andersartige Ära der elektronischen Kommunikation ein.

Die mündliche, »orale« Kultur der Primitiven und des Altertums beruhte auf harmonischem Sozial-Kontakt mit allen Sinnen. Die Gutenberg-Epoche zerstörte diesen, begründete die Vorherrschaft des Auges, des zergliedernden Denkens und der arbeitsteiligen, monoton-mechanischen Industrieproduktion. Keimhaft angelegt war dieser Prozeß schon seit der Erfindung der phonetischen Schrift: in der Sprache durch Aneinanderreihen von Einzelzeichen abgebildet wird, die jedes für sich keinen Sinn haben.

Mit der neuen, elektronischen Technologie wird der zerstückelte Mensch, die zerrissene Gesellschaft wieder zusammengefügt; sie ermöglicht simultane Allgegenwart durch die Massenmedien, ein fließendes, »räumliches« Bewußtsein, die Befreiung von zwanghaft linearem Denken.

Die Massenmedien wirken dabei ganz unabhängig vom »Inhalt« der verbreiteten Information, sie haben den Charakter eines alle Teilnehmer einschließenden Nervensystems.

Verschiedene Nachrichtenmittel sind in verschiedenem Maß traditionell, auf die visuelle Epoche und weiter zurück, oder fortschrittlich, »panelektronisch« ausgerichtet. Man spricht von einem hoch-präzisen, sich aufdrängenden »heißen« Medium, im Gegensatz zum »kühlen«, grobrasterigen, ungenauen Medium. Das »kühle« Medium, z. B. das Fernsehen, drängt sich nicht auf, bewirkt aber die stärkste Anteilnahme – wie eine unübersichtliche Verkehrslage, die den Autofahrer veranlaßt, sich aufmerksam vorzubeugen.

Konflikte und Kriege entstehen durch das Nebeneinander-Bestehen und die Reibung verschiedener Technologien, z. B. zwischen der dissoziierenden Gutenberg-Technik mit vielen »oralen« Relikten in den kommunistischen Staaten – und der fortgeschrittenen Elektronik des kapitalistischen Westens.

Mit der Ausbreitung der Elektronik über die Welt wird überall Frieden einkehren; in gewis-

ser Hinsicht wird die Menschheit zu einer neo-
primitiven Stammeskultur zurückfinden – durch
ständigen, simultanen Nachrichtenaustausch
schrumpft die Welt zum Welt-Dorf zusammen.

Nur allzuleicht – so ist zu befürchten – wird
man vor einem solchen Kompendium von Thesen zu sofortiger Pauschal-Kritik verleitet. Wir
müssen deshalb betonen, daß hier bewußt im
visuellen Medium des Schriftbildes gegen McLuhans Denk-Prinzip verstoßen wird, das ausdrücklich auf einer Vielzahl von Simultan-Bezü-
gen zu nahezu allen Bereichen der Geistes-
geschichte besteht. Außerdem mußte eine solche
Zusammenfassung noch auf ein anderes, wesentliches Element verzichten: auf McLuhans Hang
zur Mehrdeutigkeit, den fast spielerischen Zug
seiner Sprache.

Was ein in jeder Hinsicht gegensätzlicher Denker, Theodor W. Adorno, für sich beanspruchte,
müssen wir selbstverständlich auch McLuhan
zubilligen, nämlich, daß der Gedanke von seiner
Sprachgestalt nicht zu trennen ist.

Sprachgestalt, oder besser: Form der Vermittlung, das heißt mit McLuhan: »mosaic approach«
oder »Informations-Feld«, das erst in seiner
Gesamtheit die Botschaft vermittelt. Lineare

Sätze würden sie verzerren. Tatsächlich besteht die eigentliche Paradoxie des Medien-Philosophen darin, daß er seinen Einfluß dem Medium des Buches verdankt, das für ihn zugleich Inbegriff des Übels ist – mit den Worten seines Kritikers Dan Davin: »Seine Soldaten sind auch aus Blei!«

McLuhan ist sich dieses Widerspruchs bewußt. Er versucht ihn aufzuheben, indem er von Buch zu Buch fortschreitend den linearen Text-Ablauf durchbricht, oder durch Techniken des »lay-out« und der Typografie neue Quer-Bezüge erzeugt, die sein Publikum zu einem neuen Lese-Verhalten erziehen sollen.

Am weitesten ist er darin in seinem Band *The medium is the massage* gegangen, der aus der Zusammenarbeit mit dem Foto-Grafiker Quentin Fiore hervorging. Konsequenter als bisher versuchte McLuhan hier die »Eingleisigkeit« des herkömmlichen Druckproduktes zu überwinden, indem er scheinbar ungeordnete Texte, Fotos, grafisches Material, typografische Tricks und Raster ineinanderfügt. Es entsteht ein aphoristisches Bilderbuch, überall aufzuschlagen, in jeder Richtung zu lesen – wie es seiner Vorstellung von der Allseitigkeit moderner Massenmedien entspricht.

Man darf vermuten, daß McLuhan *The Medium is the Massage* als das angemessene Lehrbuch seines Systems empfehlen würde. Folgen wir also seiner Aufforderung und blättern es an einer beliebigen Stelle auf:

Wir sehen die Abbildung einer Flugzeug-Montagehalle mit einer fast unübersehbaren Zahl von Flugzeugen in Reih und Glied, in allen Stadien der Fertigung – darunter in großer Schrift:

»Wie wir eintreten, so werden wir fortgehen« – ein Hinweis auf die Gleichförmigkeit des Fließband-Prozesses, aber auch prophetischer Ausdruck der McLuhan-These, daß die Menschheit n a c h dem Gutenberg-Zeitalter wieder einem Zustand sich nähert, wie er lange v o r h e r bestand. Wenige Seiten später zeigt uns das Buch denn auch eine schnatternde Eingeborenen-Runde und den darüber eingeblendeten Satz:

»Das neue elektronische Wechselfeld erschafft die Welt neu nach dem Bilde des Welt-Dorfes.«

Außer an die biblische Schöpfungsgeschichte denkt man hierzuland unwillkürlich an Kleists Essay *Über das Marionettentheater* – darin heißt es am Schluß:

»Mithin, sagte ich ein wenig z e r s t r e u t , müßten wir wieder vom Baum der Erkenntnis essen, um in den Stand der Unschuld zurückzufallen?

Allerdings, antwortete er; das ist das letzte Kapitel von der Geschichte der Welt.«

Doch blättern wir weiter bei McLuhan. Eine Doppelseite enthält in schematischer Zeichnung eine Wabe von rechteckigen Kästchen, darunter – weiß auf schwarz – einen großbuchstabigen Text in Spiegelschrift. Im Spiegel betrachtet, wird er lesbar:

»Die Spezialisierung der Berufe und Interessen erzeugt eine Trennung jener Erfahrungsweisen, die man »Praxis« nennt, von der Einsicht; der Phantasie – von der ausführenden Tat. Einer jeden dieser Erfahrungsweisen wird dann der Bereich zugeordnet, dem sie sich anzupassen haben. Jene, die die Anatomie der Erfahrung erforschen, behaupten, daß diese Trennung der menschlichen Natur entspricht.« *John Dewey*

Wir erinnern uns: John Dewey ist der Philosoph des amerikanischen Pragmatismus, der das amerikanische Erziehungssystem am nachhaltigsten beeinflußt hat. Das Zitat belegt seinen Begriff von der arbeitsteiligen Welt und der daraus folgenden Entfremdung, die er durch ein ganzheitliches Konzept überwinden möchte. Die Problematik hat McLuhan durch die Aufforderung an den Leser, vor den Spiegel zu treten, unmittelbar deutlich gemacht: Man muß etwas tun, um den

Text lesen zu können – Theorie und Praxis müssen vom Leser selbst vereinigt werden, damit er ihre Trennung und wechselseitige Ergänzung wahrnehmen kann.

Blättern wir nun eine Seite zurück, so wird uns ein anderer Aspekt von McLuhans General-Thema präsentiert: Die Darstellung einer Piazza, ein Renaissancegemälde, worin die damals neu entdeckte Technik der Perspektive abstrahierend überbetont ist. Darunter lesen wir – weiß auf schwarz – die folgenden schlagwortartigen statements:

Das Renaissance-Erbe.

Der Fluchtpunkt = Selbst-Auslöschung.

Der Beobachter auf Distanz.

Keine Teilhabe!

– Also: Perspektive als typisches Mittel des visuellen Menschen, die Realität von sich fernzuhalten, statt – wie McLuhan es empfiehlt – sich von ihr einsaugen zu lassen.

Eine der letzten Seiten des Buches, die wir zufällig aufschlagen, führt die Haltung vor, in der der neue Mensch den Sog der allumfassenden elektronischen Realität bestehen soll:

Da balanciert auf dem Brett eines Wellenreiters, in schaumiger Brandung, ein sorgfältig à la businessman gekleideter Herr. Er scheint in

Eile, jedoch in fröhlicher Stimmung – seine einzige Sorge gilt seinem Hut, den er wie gegen eine Windbö festhält. Offenbar handelt es sich um ein Werbefoto, mit dem eine Firma die Unerschütterlichkeit ihres Kundenberaters und »troubleshooters« einprägen will. Neben dem Umriß dieses Herrn, gegen die Wolken abgesetzt, ein Zitat aus einem klassischen Text, der zu McLuhans literarischen Lieblingen gehört: Edgar Allan Poes *Im Strudel des Mahlstroms.* Es ist die Geschichte eines schiffbrüchigen Seemanns, der sich aus dem tödlichen Sog des Mahlstroms befreit, indem er die physikalischen Phänomene auch in höchster Gefahr präzise beobachtet, seine Schlüsse daraus zieht und sein Verhalten kaltblütig danach einrichtet.

Die Erzählung Poes und ihre Lehre sind exemplarisch; und gewiß kann diese Lehre nützlich sein in einer Zeit, in der einander unablässig folgende zivilisatorische Umwälzungen uns betäuben und beängstigen. Immerhin stimmt es nachdenklich, daß auch die wohlbekannten Analytiker der nuklearen Endkatastrophe – wie Herman Kahn – ihre Beschäftigung mit der gleichen Maxime rechtfertigen könnten. Im übrigen wird noch davon zu reden sein, daß manche unter McLuhans Anhängern – und dies nicht ganz ohne des Meisters Schuld – den elektronischen Strudeln weit weniger kühl gegenüberstehen.

Dies also wäre die konsequenteste Wiedergabe von McLuhans Theorie – als Wirbelmontage. Dennoch können wir, nach eingehender Lektüre, feststellen: Noch immer entspricht die Präsentation durchaus den herkömmlichen Prinzipien der Literatur, besonders der pädagogischen. Das Buch ist – wie McLuhans ganze Lehre – antithetisch aufgebaut, ähnlich wie – sagen wir – ein moral-theologischer Katechismus. Viele seiner Argumente sind auf Sprache, sogar auf das gedruckte Wort, unbedingt angewiesen – Sprachspiele, Wort-Assonanzen und typografische Spiele gehören zu den bevorzugten Darstellungsmitteln. Immer wieder stoßen wir z. B. auf das von James Joyce in *Finnegans Wake* erfundene Wortgebilde »abcedminded«-ness – eine unübersetzbare Konstruktion, die, je nach Lesart, »ABC-Bewußtsein« oder »Gedanken-Abwesenheit« bedeutet – für McLuhan ein prophetisches Dichterwort über die Auswirkungen der phonetischen Schrift.

Das folgende Zitat aus *Die Magischen Kanäle* verdeutlicht diesen Hang zur spielerischen Klang-Magie:

»Joyces Bloom ist ein bewußtes Abbild von

Charlie Chaplin (»Chorney Choplain«, wie er ihn in *Finnegans Wake* nennt). Wie Chopin das Klavier dem Stil des Balletts anpaßte, so erfand Chaplin ein wunderliches Gemisch von Ballett und Film, er entwickelte seine Dialektik von Ekstase und Watschelgang – einen neuen Pawlowa-Stil.«

In Wahrheit ist McLuhan ein Buchmensch von klassischer Art, heute wie früher ein Antipode primitiver Bildungsfeindschaft – wie sie in seiner Anekdote über den klassischen englischen Historiker Edward Gibbon zum Ausdruck kommt:

»Nach der Vollendung seines Hauptwerkes vom *Aufstieg und Niedergang des Römischen Reiches* begegnete Gibbon einmal dem Herzog von Bedford, einem Landadeligen von rechtem Schrot und Korn. ›Na‹, redete ihn dieser an, ›wieder so ein verdammt dickes Buch, was, Mr. Gibbon? Kritzel kritzel kritzel, was, Mr. Gibbon?‹«

Vermutlich hätte der Herzog auch zu Mr. McLuhan so gesprochen.

Aber Zitate dieser Art lenken uns auch auf eine Besonderheit des McLuhan'schen Werkes, die – wenn auch nicht unbedingt im Sinne des Autors – gewiß sehr zu seiner Popularität beigetragen hat: Wo man sie auch aufschlägt –

immer wieder erweisen sich seine Bücher als Fundgruben kurioser und bemerkenswerter Materialien aus nahezu allen Wissensbereichen. Der Leser genießt die Früchte einer stupenden Belesenheit – seien es Studien über den Zeit-Sinn der Hopi-Indianer oder Zeugnisse puritanischer Erfolgsanbetung im Werk des Mystikers Samuel Butler; dann wieder ist es die etymologische Betrachtung des Wortes »Ziffer«, seine Verwandtschaft mit dem Zahlwort »Zero«, seine Herkunft vom arabischen »siffr« – was Lücke bedeutet –, woraus nun McLuhan das Prinzip der dekadischen »Stelle« ableitet und damit der Bildung großer Zahlen, welche das arabische Zahlen-System so folgenreich machte.

Was sein eigentliches Fach betrifft, so erweist sich McLuhan als Kenner vor allem der manieristischen Phasen der Weltliteratur. Er schätzt die Elisabethaner, den mystischen William Blake und dessen späten Nachfolger William Butler Yeats. Baudelaire und Mallarmé werden ebenso enthusiastisch zitiert wie die angelsächsische Moderne von Poe bis James Joyce. McLuhans Begeisterung für diese Autoren ist geradezu ansteckend. Hören wir als Beispiel – in versuchter Übersetzung – die seltsamen Verse von Yeats über den Tod des großen Rationalisten John L o c k e :

Locke sank nieder unbewußt
– Der Garten starb –
Gott nahm die Spinnmaschine
Aus seiner Brust.

– McLuhan zitiert das Gedicht, um die enge
Verbindung von Rationalismus und technischer
Revolution aufzuzeigen – woran gewiß nicht zu
zweifeln ist; wie denn überhaupt McLuhan sich
öfters die Mühe macht, allgemein akzeptierte
Zusammenhänge mit den Mitteln seiner Theorie
erneut zu beweisen – man könnte meinen: als
Probe seiner Kunst, seinen Zweiflern zugedacht.
In diesem Fall allerdings muß er sich von dem
Kritiker Milton Klonsky sagen lassen, daß er den
philosophischen Hintergrund des Kurzgedichtes
ignoriert habe, das komplexe System von Anspielungen auf christliche Symbolik – wovon bei
McLuhan nur noch oberflächliche Wortklauberei
verblieben sei.

Vor allem bei der Technik der Argumentation
haben McLuhans Kritiker immer wieder einge-
hakt; in den Begriffsverknüpfungen liegt seine
Schwäche wie auch seine Originalität, auch vor
sprachlichen Advokaten-Tricks scheut er nicht
zurück. In seinem Buch *Die Magischen Kanäle*

zitiert er einen Satz Chestertons zum Problem
der Frauen-Emanzipation:

»Die Frauen hatten den Häuslichen Diktator
satt – und wurden Stenotypistinnen.«

– eine ironische Bloßstellung der Schein-Unab-
hängigkeit arbeitender Frauen. Mit dem spiele-
risch im Doppelsinn gebrauchten Verbum »Dik-
tieren« beleuchtet das Zitat McLuhans Vorliebe
für eine Logik der Wortverwandtschaften –
manchmal in verdächtiger Nähe jenes »Denkens
der Sprache«, dem Martin Heidegger sich so
gerne überläßt. Typisch ist hierfür McLuhans
Deutung des Mythos von Narzissus, der – nach
griechischer Überlieferung – sich in sein eigenes
Spiegelbild verliebte. McLuhan entnimmt dem
Namen einen Zusammenhang mit dem Wort
»Narkose«, das der gleichen Sprachwurzel ent-
stamme: Die Bedeutung des Mythos sei also, daß
Narzissus durch Entäußerung seines eigenen Bil-
des gleichsam betäubt wurde. Dies aber, fährt
McLuhan fort, ereigne sich immer, wenn ein
Menschlicher Sinn – von seinem Träger abgelöst –
sich nach außen verlagere. In einer Kultur der
Schrift – also des Auges – werde das »Gesicht«
förmlich betäubt, dann unter Narkose »ampu-
tiert«, sodaß der Mensch seine visuelle Kultur
s e l b s t nicht mehr wahrnehmen könne.

Einen anderen »Beleg« dieser These liefert McLuhan die *Gutenberg Galaxis:* Auch Shakespeares König Lear habe seinen Ausbruchsversuch aus der »oralen« Clan-Welt – Lear versuchte, seine Macht wie ein Industriemanager zu delegieren – mit Blindheit bezahlen müssen.

Mit solchen Mitteln soll erklärt werden, warum vor McLuhan niemand – außer den Dichtern – die historische Entwicklung richtig erkannt habe. Zugleich geht es auch hier wieder um den Vorgang der Entfremdung, der – als typisch gesellschaftliches Phänomen – McLuhan zu immer neuen Umgehungsmanövern veranlaßt.

Im Grunde wünscht er keine plausiblen Lösungen. Gewaltsamkeit wird geradezu zum Stilmittel. Eine seiner Thesen etwa – vom ursächlichen Zusammenhang der phonetischen Zeichenschrift mit dem Straßenbau – findet er durch das Wort »Metapher« bestätigt: dieses bedeutet ja eine typisch phonetische Sprachtechnik – zugleich aber bedeute es buchstäblich: »Transport«, also die Notwendigkeit von Straßen! Im Dschungel des Wort-Fetischismus passiert es, daß er sogar die selbsterzeugten Begriffe verwechselt:

»Wir haben ein derart tiefes visuelles Vorurteil«, schreibt er einmal, »daß wir unsere klügsten Männer Visionäre oder Seher nennen« – und widerspricht damit dem vorher behaupteten Zusammenhang von »Rationalismus« mit »Visueller Kultur« – schließlich sind »Visionäre« zuständig für eine durchaus irrationale Wahrnehmungsweise.

Zusammenhänge müssen um jeden Preis gestiftet werden. Daß sich eine beliebige Erscheinung – gleich welcher Bedeutungshöhe – mit jeder anderen verknüpfen läßt, scheint für die Glaubwürdigkeit der Theorie geradezu unentbehrlich.

Immerhin – es ist ein praktisches Prinzip. Es liefert einen stets dienstbereiten Beweis-Apparat, der z. B. die Entwicklung des Individualismus in der Renaissance erklärt: durch die Verfügbarkeit des transportablen Buches, das man zu Hause liest. »Laß mich in Ruhe – ich lese Zeitung« – das wäre die Essenz – ist sie nicht wahrhaft demokratisch?

Die Beharrlichkeit, mit der McLuhan an technologischen Kausalitäten festhält, wirkt besonders auffällig, wenn das betrachtete Faktum gesellschaftlich bestimmt ist. Andere Anlässe haben es schon gezeigt: Nichts ist ihm so zuwider wie ein Bewußtsein, das aus sozialen Verhältnissen sich ergibt. So auch in diesem Fall: Der plausible Zusammenhang des bürgerlichen Selbstgefühls, später Individualismus, mit der ökonomischen Macht und Sicherheit der freien Kaufmannsstädte wird gar nicht erst diskutiert. Die Erfindung der maßgebenden technischen Verfahren, wie des Drucks mit beweglichen Lettern, erscheint naturwüchsig, von außen an den Menschen herangetragen, statt daß in ihr die Reaktion auf soziale Umstände erkannt wird. So verwundert es nicht, wenn McLuhan die Anekdote übernimmt, Gutenberg habe seinen Einfall gehabt, als er Winzern beim Traubenpressen zusah.

Kritische Leser haben in diesem Zusammenhang angesichts von McLuhans logischen Exerzitien an den Universalienstreit der Scholastik erinnert, der zwischen den »Realisten« und den »Nominalisten« ausgefochten wurde. Der nominalistische Standpunkt besagte, daß sprachlich entwickelte Begriffe keinerlei Wahrheitsanspruch hätten und lediglich als formale Hilfsmittel in der Denkökonomie dienten. Der Hinweis ist nicht so abwegig, wie es scheint; McLuhan selbst hat an seiner Hochschätzung für die nominalistischen Theoretiker, wie Wilhelm von Occam, keinen Zweifel gelassen. In diesem Licht hätte sein System nicht mehr Anspruch als den eines geistreichen Spiels in einer nicht erkennbaren Wirklichkeit; und vielleicht hätte er es auch gerne so betrachtet, wäre er nicht durch den Widerhall in der Öffentlichkeit zum Propheten einer real bevorstehenden Entwicklung geworden.

Dennoch ist es dem Geisteswissenschaftler McLuhan offensichtlich nicht wohl bei dem Gedanken einer Geschichte, die von Apparaten bewegt wird. Er kompensiert sein Unbehagen mit einer charakteristischen Mischung von Formalismus und Geistigkeit:

»Handschrift-Kultur und Gothische Baukunst – beide verlangten nach D u r c h - Leuchtung, nicht B e - Leuchtung . . . Dieser Grundgedanke begreift die ureigene Struktur des mittelalterlichen Denkens und seiner Sensibilität, etwa in der Technik des ›Schimmerns‹, um das Licht aus dem Text-Innern scheinen zu lassen.« – Die von ihm bevorzugten Kultur-Epochen werden durch Tiefgründigkeit ausgezeichnet, kein Aufwand wird gescheut, um ihre metaphysische Verankerung zu verdeutlichen – darin, wie in mancher anderen Hinsicht, entdeckt der deutsche Leser eine Verwandtschaft mit Hans Sedlmayr, dem Beklager des *Verlustes der Mitte* – trotz der scheinbar entgegengesetzten Absichten.

Vor allem aber ist es der Umgang mit Literatur, der das metaphysische Defizit in McLuhans

Ideen-Haushalt behebt. Die Dichter, Künstler überhaupt, stellen sich – wie im 19. Jahrhundert – als Ausnahmewesen dar, die dem technologischen Zwang nicht gehorchen müssen, ihn vielmehr hellsichtig erkennen und zukünftige Entwicklungen voraussehen. Sie sind – wie McLuhan es gemeinverständlich im Militär-Jargon ausdrückt: »Das Radar-Warnsystem der Gesellschaft«. Der Künstler wird Kronzeuge der Theorie, z. B. Shakespeare in *Troilus und Cressida* – einem Stück, das »ausschließlich den Problemen der Kommunikation gewidmet ist«. William Blakes kryptische Verse sind – richtig verstanden – Anklagen gegen die zersplitterte Kultur des Beweglichen Druckbuchstabens. Ein Gedicht von Bert Brecht beweist die »kühle« Natur des Mediums Rundfunk als Instrument des Für-sich-Seins – nach der sonderbaren Einteilung der Kommunikationsmittel in »heiße« und »kühle«, die den Erfinder selbst zuweilen ein wenig konfus macht.

Der besonders bevorzugte unter den Künstler-Propheten ist James Joyce – vor allem mit seinem rätselhaften Werk *Finnegans Wake*. Für McLuhan ist es durchaus nicht rätselhaft: Es stellt nichts anderes dar als das menschliche Bewußtsein beim Übertritt von der Visuellen Schriftkultur in die wiedergewonnene Ganzheit des

Elektronischen Welt-Dorfes. Vielleicht ist es nicht bloß persönliche Bosheit, wenn der Kritiker Klonsky solche Interpretationskünste gelehrig nachahmt: »Zweifellos ist es der stammelnde Lärm der Druckerpresse, den Joyce aufnimmt und vergutenblubbert: ›bababadalgharaghᵗakamminarronnkonnbronntonnerronntuonnthunntrovarrhounawnskawntoohoohoordenenthurnuk!‹ – wie eine verklemmte Schreibmaschine!« – Man kann sich das kurzsichtig amüsierte Blinzeln vorstellen, mit dem Joyce diesen neuesten unter vielen Deutungsversuchen aufgenommen hätte, die sein Werk ausgelöst hat – jeder spielt mit, im Roulette. »McLuhan spielt das Ideengeschichte-Spiel«, heißt es in einer Kritik der *Gutenberg Galaxis* von John Simon. Kein Fundstück bleibt ungenutzt, wenn es zum System paßt. Aber das Übermaß an Beweismaterial bietet der Theorie keinen Schutz – es macht sie erst recht verletzlich.

Dennoch soll die Kritik uns nicht den Blick darauf verstellen, daß es sich hier um ein bedeutendes, kulturgeschichtliches Unternehmen handelt. Viele Anregungen, vor allem in *Die Gutenberg Galaxis,* können die Entwicklung unserer Gesellschaft verstehen helfen. Auch wird man mit McLuhan d a r i n einig gehen: Die Begriffswelt der beherrschenden positivistischen Wissenschaft, ihr Denken in Analogien und kleinen Schritten, kommt einer verbreiteten Trägheit der Vernunft entgegen. Phantasielosigkeit und die Scheu vor großzügigen Lösungen in fast allen Problemen der technischen Zivilisation werden täglich vor Augen geführt. Hier könnte allein schon der unorthodoxe Zuschnitt von McLuhans Entwurf befreiend wirken. »Mehr Experimente« ist die hoffnungsvollere Devise.

Anders steht es mit dem Aspekt in McLuhans Weltbild, der in dem Slogan »The Medium is the Massage« zum Ausdruck kommt; dem Aspekt der anvisierten Zukunft, dem »elektronischen Chiliasmus«. Was bedeutet die These vom »Medium«, das keine Botschaft vermittele, da es selbst Botschaft sei – anderes als kritiklose Hinnahme jeder Manipulation der Nachrichtenmittel? Daß die Tendenz der Nachrichtenmittel von den Machtverhältnissen abhängt, wird von McLuhan geleugnet. Sein Gegenbeweis lautet so:

Das Elektrizitätsnetz verknüpft die Gesellschaft ebenso wie das Fernsehen. Es verbindet z. B. dadurch, daß es überall elektrisches Licht verbreitet; der Einfluß des Lichtes auf das städtische Leben ist bekannt – siehe den großen New Yorker »Black-out«. Elektrischer Strom ist also ein Nachrichtenmedium – seine Botschaft ist: Licht. Also muß das Prinzip, selbst Botschaft zu sein, auch für alle anderen Medien gelten. Also: Die Botschaft des Fernsehens ist, daß alle Welt fernsieht!

Der Beweisgang, der auf einem einfachen, formalistischen Trick beruht, spricht für sich. Technisch orientierte Leser oder Hörer – schließlich ist von Informations-Technik die Rede – werden sofort einwenden, daß hier m o d u l i e r t e mit u n m o d u l i e r t e n Frequenzen gleichgesetzt werden. Was aber den eigentlichen Empfänger der Botschaft, den Mann vor der Mattscheibe betrifft, so setzt McLuhan bei ihm offenbar einen Grad von Kritiklosigkeit voraus, der erschreckend ist: Ganz gleich, ob er ein blutiges Gemetzel oder eine Zahnpasta-Reklame betrachtet – sein stärkster Eindruck ist der Knopfdruck, durch den er den Apparat angestellt hat.

Tatsächlich haben einige McLuhan-Bewunderer die Konsequenzen schon gezogen. In einer Zeitschrift für Führungskräfte der Wirtschaft versucht Dan Walker seinen Lesern die mediale Massage in Form einer Kneipp-Kur zu verabreichen:

»Niemand ist z. B. beim Lesen einer Zeitung intelligent oder kritisch. Dazu ist sie nicht da. Sie soll einen kommunalen Sinn vermitteln, etwas anbieten, an dem man teilhaben kann, und in dem man herumplanschen kann: ›Komm doch rein, das Wasser ist herrlich!‹«

Lassen wir es dahingestellt, ob Marshall McLuhan mit dieser Illustration seiner These zufrieden wäre. Jedenfalls ist es eine ihrer Folgen: das Bild einer Gemeinschaft von bewußtlosen Konsumenten, das geradeswegs aus Huxleys Utopie von der *Schönen Neuen Welt* zu stammen scheint. »Die Sprachlosigkeit von McLuhans Zukunft«, heißt es in einer Rezension, »die universelle Harmonie im Zeichen elektronischer Kommunikation – ist eine unmenschliche Parodie des Friedens.« Wir erinnern uns an das besondere Verhältnis McLuhans zur Industrie, vor allem zur Werbung, und müssen konstatieren: Der Enthusiasmus dieser Kreise ist allzu verständlich; das System – auf handliche Formel gebracht – könnte die Barrieren überwinden, die eine 100prozentig fehlerlos kalkulierbare Wirkung der Meinungsmaschine b i s   j e t z t noch verhindern. Es wäre ein Fall von Prophetie, die sich selbst erfüllt: Theorien der Gesellschaft bewahrheiten sich, sobald sie allgemein f ü r   w a h r   g e h a l t e n werden.

Marshall McLuhan, ein kontemplativer Gelehrter, wurde ein Mann des Erfolgs, und damit zugleich Opfer des eigenen Systems. Der Trend des »brand switching«, der rasch wechselnden, beliebigen Anteilnahme, gilt auch für ihn: sein Ruhm hat modischen Glanz. Die Aura des Zeloten einer neuen Heilslehre dürfte nur einen beschränkten Werbewert bewahren – die Welt, die er verkündet, könnte ohne ihn auskommen.

An anderen Beispielen haben wir erfahren: Der gefährliche Kopf wird erst gefährlich, wenn die Harmlosen sich seiner bemächtigen. Die spekulative Intelligenz eines McLuhan wird gebraucht, damit ihre schlimmen Folgen nicht eintreten. Was die menschliche Gesellschaft am meisten zu fürchten hat, ist die Erstarrung – denn es ist immer eine Erstarrung im Unguten. McLuhan zwingt zur Unruhe – und sei es durch seine Anfechtbarkeit.

Das Neueste aus Laputa
oder
Scheppern für die Wissenschaft?

»Als ich landete, umringte mich eine große Volksmenge; die aber, die mir am nächsten standen, schienen Höhergestellte zu sein. Sie sahen mich unter allen Zeichen und wunderlichen Regungen des Staunens an, und ich blieb ihnen darin nichts schuldig.

Hier und dort sah ich viele in der Kleidung von Dienern; sie trugen in der Hand einen kurzen Stock, an dessen Ende eine Blase einem Flegel gleich befestigt war. In jeder dieser Blasen befanden sich ein paar getrocknete Erbsen oder kleine Steinchen – wie man mir später sagte. Mit diesen Blasen schlugen sie jene, die in ihrer Nähe standen, von Zeit zu Zeit auf Mund und Ohren: Ein Brauch, für den ich keinerlei Sinn entdecken konnte. Es scheint, der Geist dieser Leute ist so sehr von intensiven Spekulationen in Anspruch genommen, daß sie weder reden, noch den Reden anderer zu lauschen vermögen, ohne daß sie beständig durch Schläge auf die Organe der

Sprache und des Gehörs geweckt werden; aus diesem Grunde halten sich die Leute, die es sich leisten können, stets einen ›Klapser‹ (in ihrer Sprache heißt er ›Klimenole‹), der zu den Bedienten ihres Hauses gehört; und nie gehen sie ohne ihn aus oder zu Besuchen.«

»Mit dem Chef der Public-Relations-Abteilung meiner Universität hatte ich mich sehr befreundet. Sein Name ist Hale Sparks. Mr. Sparks hat seit über 20 Jahren ein regelmäßiges Hörfunkprogramm und ist auch im Fernsehen ein ständiger Moderator. Seine Aufgabe besteht darin, die Forschungsergebnisse der an sich riesigen Universität von Kalifornien der Öffentlichkeit näherzubringen. Die amerikanische Öffentlichkeit verläßt sich so stark auf seine wöchentlichen Berichte, daß seine Programme selbst in den Hörfunksendungen für die amerikanischen Soldaten in allen Ländern, darunter auch in Deutschland, aufgenommen werden. Welche deutsche Universität hat sich je darum bemüht, sich einen Hale Sparks anzuschaffen?«

Die Berichte der beiden Reisenden liegen zeitlich fast 250 Jahre auseinander. In solch einer Zeitspanne verändert sich manches. Was den früheren Beobachter, den Kapitän Lemuel Gulliver, auf *Laputa*, der fliegenden Insel der Wissenschaft, mit Staunen erfüllt hat, das erfüllt Herrn Professor Dr. Heinz Haber heute mit Neid:

Einen »Klapser« müßte man haben, einen Klapser wie Hale Sparks! Wie profitabel müßte der Erwerb eines solchen Klapsers für eine deutsche Universität sein, wenn er qualitativ sogar den Bedürfnissen der Besatzungsarmee gerecht wird!

Aber leider ist darauf vorerst nicht zu hoffen; ebensowenig wie auf eine Änderung der dadurch verursachten Mangelerscheinung: »... daß die Öffentlichkeit und die Gesellschaft in der Bundesrepublik Wesen und Wichtigkeit der modernen Naturwissenschaft und Technik noch nicht so recht begriffen haben«.

Die Wissenschaft hat es schwer mit der Öffentlichkeit. Mühsam ist es, in dieser Gesellschaft ein Interesse für eine Einrichtung zu wecken, die doch – wie es in der dramatischen Zeitungssprache heißt – »unser alltägliches Leben bis zur Unkenntlichkeit verändert hat und weiter verändert«. Wie ist das zu erklären?

Professor Dr. Heinz Haber, dem dieser Notstand seit langem zu schaffen macht, erklärt es so:

»Die Gründe liegen offenbar darin, daß die

deutschen Universitäten, auf einem gewissen geistigen Hochmut fußend, so etwas wie Naturwissenschaft – für völlig unnötig halten. Verhaftet in dem Ideal der erhabenen Wissenschaft des vorigen Jahrhunderts schließen sie die Öffentlichkeit bewußt aus. In Europa, und besonders in Deutschland herrscht ja noch ein Bildungsbegriff, der aus dem vorigen Jahrhundert stammt. Er ist primär auf die Geisteswissenschaften und auf das Kulturelle, soweit es die Kunst, die Literatur und die Geschichte betrifft, ausgerichtet. Praktisch alle Redakteure sind Geisteswissenschaftler. Sie sind Doktoren der Geschichte, der Kunstgeschichte, der Germanistik und der Literatur. *Jedes naturwissenschaftliche Thema kratzt sie.*«

Professor Dr. Heinz Haber ist aufgebracht. Für ihn ist die Alternative, ob man für die Vergangenheit oder für die Gegenwart optiert, ursächlich mit dem Verhältnis zur exakten Wissenschaft verknüpft. Wer sich nicht für Naturwissenschaft interessiert, ist von gestern! Ein anderer erfolgreicher Wissenschaftspublizist, Dr. Walter R. Fuchs, hat für den erwähnten Mißstand eine n o c h mühelosere Erklärung:

»Die ionischen Naturphilosophen erklärten die Natur und ihre Geschehnisse außerhalb der

Märchenstunde, verzichteten auf Götter und mythologisches Viehzeug, und meinten damit Homer der Lüge zu überführen. Der Erfolg ist hinreichend bekannt: Wer kennt heute schon Anaximander? – der Märchenonkel Homer erscheint dagegen wie der Weiße Riese persönlich! – Märchenbücher sind halt weit *müheloser* zu lesen als Physikbücher!«

Auch Dr. Fuchs ist aufgebracht: 2000 Jahre humanistische Verdummung, und Homer in aller Munde! Und selbst wenn uns, was die Popularität Homers betrifft, leise Zweifel ankommen, so müssen wir doch bestätigen, daß A n a x i m a n d e r wesentlich mehr Anerkennung verdient hätte. Insgesamt drei Sätze sind uns überliefert, die nachweislich von ihm stammen. Sie lauten:

»Das grenzenlos Unbestimmbare ist ohne Alter.«

»Es ist ohne Tod und unvergänglich.«

»Die Erde ist einer Steinsäule ähnlich.«

Man sollte sich die Kronzeugen für die Wissenschafts-Werbung vielleicht doch etwas besser aussuchen! Aber wir wollen uns nicht um die W o r t e des Unmuts streiten. Das Faktum – oder die Behauptung –, daß die Gesellschaft, vor allem ihre Oberschicht, von Naturwissenschaft und Technik nichts wüßten, oder nichts wissen

wollten, quält die Freunde der Naturwissenschaft wie ein Trauma. Spätestens seit der um
1960 von C. P. Snow ausgelösten *Zwei Kulturen-*
Debatte gehört es zum Repertoire des populärwissenschaftlichen Autors.

Zugleich erwächst daraus sein Selbstverständ-
nis. In den Redaktionen der Wissenschaftsmagazine fühlt man sich trotzig auf der Seite des
Fortschritts: Das Ziel ist der Mühe wert. Das
Ziel heißt: Überwindung der Kluft zwischen den
exakten Wissenschaften und der Laienöffent-
lichkeit. In der Werbesprache hört sich das so
an:

»Die Spezialisierung hat für den einzelnen
Forscher eine zunehmende Absonderung von
anderen Arbeitsgebieten mit sich gebracht. Völlig hilflos aber ist oft der gebildete Laie,
wenn er sich mit der Arbeit der heutigen Naturwissenschaften vertraut machen möchte.«

»Forschung und Wissenschaft dürfen nicht länger Privat-, Industrie- oder Staatsprivileg bleiben. In einer offenen Gesellschaft öffnet ›X-Magazin‹ die Türen der Labors und Hörsäle, die
Archive großer Unternehmen und weltbekannter
Institute und Gelehrter.«

Hier erfährt der Leser, daß die zu über-
brückende Distanz anscheinend durchaus nicht so

einseitig von der Laienwelt offengehalten wurde. Sollte es so etwas wie einen Wissenschaftsfeudalismus gegeben haben? Nun – wenn es ihn gab: für die Leser des Magazins soll das nun anders werden. Ganz zeitgemäß muß auch die Wissenschaft »mehr Demokratie wagen«. Überdies wird man auch schon rein äußerlich mit der Zeit gehen: Versprochen werden:

»Heiße und gründliche Informationen aus einem redaktionellen Guß: aktuell, wissenschaftlich abgesichert, frei von Experten-Chinesisch, frei von kleinkarierter Besserwisserei und frei von geistiger Arroganz!«

Da denkt man fast an die *Atlantik-Charta,* in der das schlichte Wörtchen »ohne« so hymnisch durch freiheitstrunkene Hilfskonstruktionen ersetzt wurde! – Aber Ernst beiseite: Die flotte, unfeierliche Sprache verrät es sofort: Nicht weltfremde Gelehrte äußern sich hier – gravitätisch, aus ihrem Muff von tausend Jahren, sondern moderne Menschen, die die Bedürfnisse ihrer Leser kennen! Jung und mit Schwung!

Was diese Bedürfnisse der Kundschaft angeht, so wird da durchaus nicht einfach alles über einen Leisten geschlagen. Es gibt schließlich Unterschiede! Für das einfachere Laienpublikum bestimmt ist das reichbebilderte ›X-Maga-

zin‹ – Deutsche Verlagsanstalt – Ständiger
wissenschaftlicher Berater: Professor Dr. Heinz
Haber – »Mit ›X-Magazin‹ wissen Sie m e h r
als andere!«

Für g e h o b e n e Kreise offeriert man hin-
gegen das gesetztere Organ ›Bild der Wissenschaft‹ – Deutsche Verlagsanstalt – Herausgeber:
Professor Dr. Heinz Haber:

»Wir laden alle Führungskräfte ein: Lernen
Sie diese Zeitschrift kennen!«

Für diese Exklusivität sind die Angesprochenen
denn auch bereit, ein bißchen mehr pro Nummer
zu bezahlen.

Außer den genannten Publikationen gibt es
allenfalls noch ein halbes Dutzend weiterer Zeitschriften, die sich mit der Vermittlung exakter
Wissenschaften an die Laien-Öffentlichkeit
beschäftigen – darunter auch ›Kosmos‹, das
Urbild dieser journalistischen Sparte, das bereits
seit über 70 Jahren erscheint. Der ›Kosmos‹ bezog
seinen Impetus aus der schwärmerischen Natur-
verehrung der Anhänger Ernst Bölsches und
Theodor Haeckels, und ein wenig von der *Welt-
Rätsel*-Stimmung ist noch heute herauszuspüren.
Die Zeitschrift gehört mit ihrer Vorliebe für die
beschreibenden Naturwissenschaften, wie Bota-
nik, Zoologie, Kristallographie, zu einem älteren

Typus dieser Branche. Am anderen Ende der Skala sehen wir ihr neuestes Produkt, das Wissenschaftsmagazin ›AKUT‹, das nun bereits weit über die rein technisch-wissenschaftliche Information hinaus- und auf den gesellschaftlichen Bezug von Wissenschaft ein-zugehen versucht. Ebenso, wie die Deutsche Verlagsanstalt für ihre Magazine, hat sich auch der Hoffmann & Campe Verlag für ›AKUT‹ einen prominenten Herausgeber und Mentor geholt, den Bestseller-Autor Hoimar von Ditfurth.

Alles in Allem existieren in der Abteilung »Öffentliche Wissenschaft« nur eine kleine Anzahl von Periodikas, die sorgfältig darauf bedacht sind, sich in Aufmachung und angesprochenem Leserkreis voneinander abzusetzen. Wir werden für diese Untersuchung von diesen Besonderheiten absehen. Die gemeinsamen Züge sollen uns hier interessieren.

Die »Klapser« im modernen Laputa, die Wissenschaftsautoren, haben Gemeinsamkeiten, sie bilden eine Zunft. Gemeinsam ist ihnen ein Interesse für ihren Gegenstand, der über das bei Journalisten übliche Maß hinausgeht: Dahinter steckt immer ein kleiner Missionar. Gemeinsam sind ihnen typische Formen des Ausdrucks, der Argumentation, des Denkens. Wie sie ihr Handwerk betreiben, wollen wir betrachten – mit Neugier, aber ohne allzuviel Ordnungsliebe.

Die Sprache der Populärwissenschaft

Schon Jonathan Swift hat in der Gestalt unseres Kapitäns Gulliver über ein Verfahren berichtet, durch welches laputische Gelehrsamkeit für jedermann zugänglich würde. Dazu erklärt der zuständige Akademieprofessor:

»Jedermann wisse, wie mühselig der gewöhnliche Weg zur Kunst und zu den Wissenschaften sei; mit Hilfe seiner Erfindung aber könne der unwissendste Mensch unter geringen Kosten und unbedeutender Körperarbeit, ohne im geringsten von Genie oder Studium unterstützt zu werden, philosophische, dichterische, politische, juristische, mathematische und theologische Bücher schreiben. Dann führte er mich vor den Rahmen, an dessen Seiten in Reihen all seine Schüler standen. Er hatte zwanzig Fuß im Geviert und stand in der Mitte des Zimmers. Die Oberfläche bestand aus vielen Holzstückchen von etwa der Größe eines Würfels; doch waren einzelne größer als andere. Sie waren alle durch dünne Drähte miteinander verbunden. Diese Holzstückchen waren auf allen Flächen mit Papier beklebt, und auf diese Zettel waren alle Worte ihrer Sprache geschrieben, und zwar in ihren verschiedenen Modi, Zeit- und Deklinationsformen, doch ohne jede Ordnung. Der Professor bat mich, achtzugeben, denn er wolle seine Maschine in Betrieb setzen. Auf seinen Befehl ergriffen die Schüler alle je einen Handgriff (es waren ihrer am Rande des Rahmens vierzig angebracht), und gaben ihm eine plötzliche Wendung, wodurch die ganze Anordnung der Worte plötzlich eine andere wurde. Dann befahl er sechsunddreißig der Burschen, leise die verschiedenen Zeilen zu lesen, die sich auf dem Rahmen zeigten. Und wo sie drei oder vier Worte beisammen fanden, die zu einem Satz gehören konnten, diktierten sie sie den übrigen vier Schülern, die die Schreiber waren.«

Eine schöne Methode. Leider wird sie kaum noch angewandt, jedenfalls nicht zur Verbreitung von Wissenschaft. Hierzu bedient man sich heute anderer Techniken:

»Im Jahre 1800, als Napoleon über die Alpen zog, als Beethoven sein drittes Klavierkonzert schrieb, begann der Vorstoß ins Unsichtbare. In England in seinem physikalischen Labor experi-einem Glasprisma das Sonnenlicht und entdeckte, mentierte Sir Frederic Hershel. Er zerlegte mit

daß außerhalb des roten Endes der Regenbogen-
farben eine Erwärmung auftrat: das ist der
Bereich, den der Physiker heute mit ›Infrarot‹
bezeichnet.«

»Ein halbes Jahr ist seit dem peruanischen Erd-
beben vergangen, das am 31. Mai in weniger als
einer Minute einen Landstrich von 240 km Länge
und 130 km Breite nahezu total zerstörte. Die
Schlagzeilen der Weltpresse vermelden inzwischen andere ›Sensationen‹. Im Bewußtsein der
Öffentlichkeit spielt dieses gigantische Unglück
kaum mehr eine Rolle. Die Wissenschaft aber
beschäftigt sich intensiv mit den Folgen der Kata-
strophe.«

»Venedig, die prachtvolle Sternstadt der
Kathedralen und Paläste, scheint dem Tod
geweiht zu sein. Trotz der Bemühungen der
Kunsthistoriker, trotz der alljährlichen neu über
die Stadt kommenden platonischen Begeisterung
der Touristen für ihre Schönheit geht diese Stadt
zugrunde. – Kann ein Computer Venedig retten?«

Drei populärwissenschaftliche Artikel-Anfänge
– drei Beispiele für ein rhetorisches Mittel,
das man »Modell Heinzelmännchen« nennen
könnte:

Im Blickfeld: Die Welt der Geschichte, der

Kultur, der duldenden Menschheit – dramatisch – romantisch – auf jeden Fall aber: a h n u n g s l o s. Unbekannte Gefahren drohen. Fatalistisch werden Schläge ertragen. Ausweglos scheint der Verfall. D o c h   i n s g e h e i m   ist schon die Wissenschaft am Werk, um das wahrhaft Zukunftsweisende zu entdecken, und das Rettende zu tun. Zugleich gibt der Wissenschaftsautor hier noch etwas anderes zu erkennen: seine Hochschätzung der traditionellen Werte des Schönen, Wahren und Guten. Während, wie wir gehört haben, die tonangebende Schicht der Gebildeten sich gegenüber der exakten Wissenschaft und Technik verschließt, ist der Naturforscher und populärwissenschaftliche Autor durchaus bereit, diese Werte hochzuhalten! Er ist ja kein Banause! Ja, die exakte Wissenschaft ist sogar das wirksamste Mittel zur Erhaltung unserer Kultur!

»Einst in Gedichten und Volksliedern besungen, läßt Deutschlands größter Strom heute nicht mehr Poeten, sondern Wasserfachleute und Journalisten zur Feder greifen.«

»Der Rhein« – »die Poeten« – »der Gänsekiel« – man erkennt sogleich: der Wissenschaftsautor ist nicht nur in seinem Fach, sondern auch in der Welt des Geistes zu Hause. Der Ruf, der ihm vorausgeht, er wolle alles, was uns lieb und wert ist, Kunst, Dichtung, Gemüt, hinwegfegen und uns ungeschützt der eisigen Luft der Rationalität aussetzen, ist unbegründet.

Wir können uns davon schnell überzeugen:

Die innere Bibliothek des Sloganmachers

Sehen wir mal vom fachlichen Hintergrund des Wissenschaftsjournalisten ab – was ist der Bildungsfundus, aus dem seine Schreibe gespeist wird? Was liest er, wenn er mal nicht im Dienst der Wissenschaft steht – oder besser: Welche Literatur ist ihm gegenwärtig, wenn er bei der Arbeit ist?

Einen Hinweis darauf geben uns die Überschriften, die sloganartigen Zwischentitel, die ja häufig durch Paraphrasierung vorgegebener Sprachformeln entstehen. Ein Autor des Magazins ›AKUT‹ zum Beispiel überschreibt einen Bericht über einen Wissenschaftsfeldzug zur Rettung alter Steinplastiken: »Kranke Kunst durch Ätzenden Dunst«.

Offenbar hat er dabei ein wenig an das Buch von Richard Eichler denken müssen *Viel Gunst für schlechte Kunst* – eines jener Pamphlete aus dem D u n s t k r e i s Hans Sedlmayrs, die zwanzig

Jahre nach dem Ende des Nazireichs noch immer gegen »Entartete Kunst« wettern.

Von einem Mechanikus der Großmachtpolitik, einem wahrhaft schrecklichen Vereinfacher, kennen wir das Buch *Formeln zur Macht,* eine Titelformel, die uns in Wissenschaftsmagazinen häufig begegnet: ›Formeln zum Frieden‹ oder ›Formeln zum Sieg‹ schreiben die Sloganmacher, die sich durch die Assoziation jenes Muster-Titels offenbar nicht irritiert fühlen.

›Kraft durch Pille‹ ist zwar keine Mutante eines gängigen Buchtitels, sondern des Nazi-Slogans ›Kraft durch Freude‹ – deshalb verwundert es aber nicht weniger, diese Sprachmünze in einem Wissenschaftsmagazin anzutreffen. Sollte sich denn wirklich niemand bewußt sein, daß Sprache eben viel mehr transportiert als gerade die Bedeutung, die der Journalist vermitteln möchte? Widerstandslos bedient er sich der zufällig vorhandenen Stereotypen. Sucht er eine Überschrift für die Flutgefährdung Londons, und stehen wir gerade am Ende des Fontane-Jahrs, so ergibt sich zwanglos der Titel ›Vor dem großen Sturm‹!

Und wenn es sich nun um einen Bericht über das Tauch-Genie Jean-Yves Cousteau handelt, welche Schlagzeile liegt einem da förmlich auf der Zunge? Natürlich:

›Der große Mann und das Meer‹ – denn Hemingways symbolträchtiger Spätroman *Der alte Mann und das Meer* ist gerade die Art von »moderner« Literatur, die unserem Wissenschaftsjournalisten noch konsumierbar vorkommt. Der wissenschaftliche Inhalt, den er mitteilen will, beruht auf neuesten Forschungsergebnissen; die Sprache, die er benutzt, ist bestenfalls von vorgestern. Titel wie ›*Herz unter Pistenstreß*‹ verweisen auf das ganze Heer von Unterhaltungsromanen, deren Titel mit »Herz« anfangen, die immer neuen Stabreime wie ›Billige Bomben aus wilden Wirbeln‹ auf die literarische Konsumware von Fallada oder Salomon – kaum je stößt man per Anspielung auf Bücher, die für die Entwicklung der literarischen oder geisteswissenschaftlichen Moderne entscheidend waren.

Nun – das sind Untertöne – Randbeobachtungen – wir wollen sie nicht überbewerten. Es gibt dringendere Bedürfnisse als Lesefutter, zum Beispiel das Futter. Auch der Wissenschaftsautor – wenn wir ihn richtig verstehen – nimmt sie ernst:

»Die Ernährungsprobleme, die auf die Menschheit zukommen, sind ausschließlich existentieller Natur. Nur etwa 10–15 Prozent Protein (Eiweiß) enthält heute die vom Menschen aufgenommene, verdauliche Nahrung, wogegen die Kohlehydrate und Fette den Rest, also 85–90 Prozent, ausmachen. In krassem Gegensatz dazu besteht der überwiegende Teil des menschlichen Körpers jedoch aus Eiweißen. Seine Substanz machen vor allem die Proteine aus: 95 Prozent. Nur die restlichen 5 Prozent entfallen auf Kohlehydrate. Kein Wunder also, daß die Ernährungswissenschaftler Pläne schmieden, wie man unsere Speisezettel revolutionieren kann. Dabei geht es um den Hunger in der Welt. Die Ernährungskrise ist bereits da, und sie wird in der nächsten Zeit lawinenartig anwachsen.«

Sie werden es hoffentlich verzeihen, wenn wir uns bei dieser Passage etwas länger aufhalten – sie scheint uns die ganze Misere der Populärwissenschaft modellhaft vorzuführen. Denn da gibt es kaum ein Detail, sei es im sprachlichen Ausdruck oder im Inhalt, das akzeptabel wäre. Um nur einiges herauszugreifen:

Welchen Begriff muß etwa dieser Autor von dem Wort »existentiell« haben, wenn er es derart mit dem Eiweißgehalt der Nahrung verknüpft?

Was für ein trauriges Sprachgefühl produziert in diesem Kontext diese Feststellung: »Dabei geht es um den Hunger in der Welt«, der uns einzig durch den lächerlichen Anklang an einen Schlagertext erheitern kann?

Gehört es zur wissenschaftlichen Objektivität, daß Nahrung »vom Menschen« »aufgenommen« werden muß, wie Wasser von einem Schwamm?

»Krise« ist ein Wort, ohne das der Journalist nicht auskommen kann. Umso mehr sollte er wissen, was es bedeutet. Wenn »die Krise« schon unbedingt diese dramatische Entwicklung nehmen muß, dann möchten wir wenigstens um etwas unfreiwillige Komik bitten – etwa so: »Die Krise rollt. Demnächst wird sie lawinenartig anwachsen.« Und schließlich: Wie steht es mit dem Inhalt dieser Mitteilung?

Protein ist Eiweiß, erzählt unser Mann, Eiweiß dagegen ist nur zu 95 Prozent Protein! Naja, drücken wir ein Auge zu. Aber gibt es denn keinen Stoffwechsel, der etwa Kohlehydrate in Eiweiß überführen könnte? Und selbst wenn das zuviel verlangt wäre: Was besagt denn der Prozentgehalt Protein in der Nahrung – auf welche Nahrung bezieht er sich? – Welches ist die Absolutmenge an Eiweiß, die benötigt wird? – Was man auch immer aus diesem Aufsatz herauslesen möchte – man bekommt keine Auskunft, oder die Auskunft ist falsch – ja, sie ist einfach hahnebüchener Unsinn!

Entgleisungen dieser Art sind nicht die Regel. Diese wurde hier vorgeführt, weil Kritik an

journalistischer Tätigkeit nicht einfach geschmäck-
lerisch »den Ausdruck« beanstanden kann. »Na
gut – vielleicht ist es etwas unbeholfen ausge-
drückt« – hört man da – »aber jeder weiß doch
was gemeint ist!« Wir werden also, was da
g e m e i n t sein kann, immer wieder herausfin-
den müssen.

Es ist ja ein gemeinsamer Zug aller Wissen-
schaftsjournalistik – fast ein Leitmotiv –, daß
aus immer neuen Anlässen zur Eile gemahnt
wird, zu neuen Anstrengungen der Öffentlichkeit, mit der Entwicklung Schritt zu halten –
ein panischer Unterton:

»Die Welt des Menschen verändert sich heute
in einigen Jahren so, wie früher erst in einigen
Generationen. Man kann abschätzen, daß von
allen Wissenschaftlern, die jemals existierten oder
existieren, etwa 90 Prozent heute leben und produzieren.«

»Neue Entdeckungen und neue Theorien haben
immer wieder alles erschüttert, was in der Physik
als gesichert galt. Umso wichtiger ist die Frage
des Menschen nach dem neuen Weg: Wohin führt
die Physik?«

»Wir leben in einer e x p l o d i e r e n d e n Zeit!«

»Der unaufhaltsame Fortschritt« – gemessen
an der Zahl der Publikationen, der Wissen-

schaftler, oder an der Zeit von der Labor-Entdeckung bis zur technischen Reife, ist ein quälender Stachel im Fleisch des Wissenschaftsautors. Er läßt uns teilhaben an der Sorge vieler Forscher, sie könnten unwissentlich die Arbeiten anderer duplizieren – man schätzt, daß dies zum Beispiel im Bereich der Chemie schon bei 30 Prozent aller Arbeiten der Fall ist. Wir erfahren, daß durch exponentielle Zunahme des Wissensstoffs die Spezialisierung zwangsläufig immer mehr in die Enge getrieben werden muß, sodaß es zum Beispiel schon heute kaum mehr einen Gelehrten geben dürfte, der das Fach der Physik vollständig überblickt.

Doch welche Bedeutung könnte diese Wissensanhäufung als Erkenntnismittel haben? Was könnte die exakte Wissenschaft heute zum Welt-Verständnis des Menschen beitragen?

Papperlapapp, antwortet hierauf der Wissenschaftsautor. Das ist ja Metaphysik – und für Metaphysik ist er nun mal nicht zuständig – sofern er sie nicht ohnehin für Humbug hält.

Wissenschaft – das ist ein Instrument für diese Welt. Bedeutung hat sie – zunächst mal – für unser materielles Leben. Was sie aussagt, ist vor allem Entscheidungshilfe für gesellschaftliches Planen.

»Wissenschaft« – so läßt sich vereinfacht definieren – »ist ein System, um zutreffende, eindeutige Voraussagen zu erhalten.« So erhoffen wir uns auch von den populären Wissenschaftsmagazinen unzweideutige Informationen – oder keine.

Aber das ist keineswegs die Regel. Man stößt bei der Lektüre immer wieder auf Beiträge, deren Eindeutigkeit und Aussagekraft der bekannten Bauernregel entsprechen:

»Wenn der Hahn kräht auf dem Mist, ändert sich's Wetter oder 's bleibt wie's ist.«

Als Anschauungsmaterial eignet sich zum Beispiel ein ausführlicher Artikel im ›Magazin X‹, mit der Überschrift:

»Kommt eine neue Eiszeit – oder werden in Hamburg Palmen wachsen?« Eine Frage, auf die der Leser gewiß eine Antwort haben möchte!

Erörtert wird das zweifellos gravierende Problem der Luftverschmutzung durch Industrie und Verbrennungsabgase, und ihre Auswirkung auf das Großklima der Erde. Verschiedene Wissenschaftler geben dazu Auskünfte, die ebenso gegensätzlich ausfallen, wie die beiden Hälften der Titelfrage. Sie werden der Reihe nach referiert, ohne daß der Referent den Versuch macht, durch Wertung zu einem Urteil zu gelangen –

und sei dieses auch subjektiv. Dagegen bekommt der Leser am Schluß noch eine weitere Möglichkeit angeboten, die er dann getrost nach Hause tragen kann:

»Neben diesen beiden extremen Alternativen gibt es freilich noch die dritte Möglichkeit, daß die gegenwärtigen Mitteltemperaturen der Atmosphäre zwischen den Polen und dem Äquator für tausend Jahre erhalten bleiben.«

Ein weiteres Beispiel – ebenfalls aus der Ökologie, deren sich die Wissenschaftsmagazine unermüdlich – und marktgerecht – annehmen: Unter der Überschrift »Dicke Luft« liest man unter anderem ein Zitat des Professors Grzimek, der – wie es seine Popularität befahl – von den Jung-Robben auf das neue Thema umgeschaltet hat:

»Die giftigen Zivilisationsabfälle in Luft und Wasser erzeugen oder begünstigen Krebs, Entwicklungs- und Nervenschäden, Erkrankungen der Atmungsorgane, Herz- und Kreislaufkrankheiten.« Unerfreuliche Aussichten! Und dieses Grzimek-Zitat ist sozusagen nur die notarielle Beglaubigung dieses Aufsatzes, zwischen dem pausenlosen Hämmern mit tödlichen Prognosen, die den Leser umsomehr bedrücken, als er sich machtlos fühlt.

Aber – nur die Ruhe. Unsere Magazinredak-

tion wird den Leser nicht lange leiden lassen –
schon in ihrem eigenen Interesse ist das nicht
ratsam. Blättert er weiter, so kann der Leser
bald unter ›Kurznachrichten‹ auf tröstlichen
Zuspruch rechnen:

»Langes Leben durch ›Schlechte Luft‹?

Im Hazelton Labor in Falls Church, Virginia,
erbrachte Dr. Henry E. Swann jun. den Beweis,
daß Meerschweinchen, die in einer mit Schwefel-
dioxyd angereicherten Atmosphäre aufwachsen,
länger leben als solche, die das Abgas nicht ein-
atmen!«

Was den Meerschweinchen recht ist, wird den
Menschen billig sein – dieser Schluß ist für den
interessierten Laien naheliegend. Das Meerschweinchen ist ja eines der typischen Versuchs-
tiere, seine Reaktionen wie die eines verkleiner-
ten Menschen anzusehen, das gehört zu den
selbstverständlichen Glaubensregeln der volks-
tümlichen Wissenschaft. Und warum sollten
uns die Meerschweinchen sonst auch interessieren?

Der zunftgerechte Journalist ist darum bemüht,
seinen Lesern die Wissenschaft m i t ihren Widersprüchen vorzuführen. Wertungen vermeidet er
nach Kräften – das ist, was er unter »Objektivität« versteht. Welchen Sinn solche Informationen

vom »Bauernregel-Typ« für den Leser haben können, ist für den zunftgerechten Journalisten ohne Interesse.

Ein unfreiwillig komisches Beispiel für das »Bauernregel-Phänomen« findet sich auf den ersten Seiten des Wissenschafts-Magazins ›Akut‹. Wie bei Neuerscheinungen üblich, so stellt sich auch diese Zeitschrift mit einem programmatischen Leitartikel ihres Herausgebers den Lesern vor. ›Populärwissenschaft als Zumutung‹ lautet die provozierende Überschrift. Seine Essenz:

»Es ist daher Unsinn, den Leuten weismachen zu wollen, sie müßten ein schlechtes Gewissen haben, wenn sie nicht wissen, was ein ›Heterozyklisches Ringsystem‹ oder eine ›quantenmechanische Feldgleichung‹ ist. Niemand ist verpflichtet, sich für Wissenschaft zu interessieren. Worauf es ankommt, das ist die Bedeutung wissenschaftlicher Arbeit für uns, für unsere Gesellschaft und vor allem für die Zukunft unserer Kinder.

Und darüber wird ›Akut‹ von jetzt an Monat für Monat berichten.«

Worauf es ankommt: Man kann es auch bleiben lassen – diese Antiwerbung hat schon fast etwas Rührendes. Offenbar gibt es kaum eine noch so kuriose Verrenkung, die man für ein liberales Image nicht ..uf sich nehmen würde. Aber: Die Folgen dieser Naturwissenschaft für die Gesellschaft sind ja wirklich einschneidend!

Also müssen wir von den Vermittlern dieser Wissenschaft auch entschiedene und eindeutige Aussagen verlangen. Ein gutmütiges »Für-jeden-etwas«, fleißig zusammengetragene Daten und Fakten zur gefälligen Bedienung sind nutzlos, ja sind Täuschungsmittel, wenn die Essenz der Mitteilung, oder das Endresultat, mehrdeutig und nebelhaft bleiben.

Es ist klarzustellen: nicht die Mehrdeutigkeit vieler Tatbestände an sich wird hier gerügt. Ist sie gegeben, so darf sie nicht verfälscht werden. Dann aber sollte sie ausdrücklich konstatiert werden, und mindestens ein Versuch wäre zu machen, diese reale Ambivalenz zu erklären.

Aber darum handelt es sich ja in der Regel gar nicht. Lassen Sie sich das gleiche noch einmal anhand eines ›AKUT‹-Artikels über das Überschallflugzeug Concorde demonstrieren. Über diese Affäre heißt es einleitend:

»Was vor fünfzehn Jahren als logischer Fortschritt der zivilen Luftfahrt konzipiert wurde, wucherte inzwischen zu einer technischen und wirtschaftlichen Monstrosität aus.«

Den »logischen Fortschritt« verkörpert hier in mehrfacher Begriffsverwirrung dieses Flugzeug, weil als »logisch« dem Artikelschreiber gilt, daß auf das »schnelle« eben das »noch schnellere« zu folgen habe. Daß mit solchem Schwachsinn nur der Schwachsinn der Projekteschmiede reproduziert wird, ist kein Trost für den Leser. Über das Schicksal der Concorde äußert sich unser Autor sibyllinisch:

»Entweder sie eröffnet als erstes westliches Überschall-Verkehrsflugzeug eine neue Ära der Zivil-Luftfahrt, oder sie landet als Europas teuerster Ladenhüter im Museum.«

Was daraus wird, weiß man nicht – aber imposant ist es schon! – wird sich der Leser sagen, und wird hoffen, daß man sich im Verlauf des Artikels irgendwie entscheiden, oder wenigstens Entscheidungs h i l f e geben wird.

Aber geliefert werden nur wieder unterhaltsam aneinandergereihte Daten, Zahlen und Anekdoten, die man in anderen, gar nicht so »wissenschaftlichen« Magazinen auch schon gelesen hat – Daten, Zahlen: ganz »objektiv« sozusagen, das heißt: *Ohne Angabe der Interessenlage!*

Wem nützt es – welches sind hier die Kriterien des »Fortschritts« – welche Entscheidung ist hier im Sinn einer gesamtwirtschaftlichen, das heißt auch: gesellschaftlichen Vernunft – d a s wäre doch hier zu fragen! Aber der Autor meint:

»Recht haben sie alle: Die Concorde ist eine abenteuerliche Absurdität, sie ist unerwünscht, und sie wird bis zum letzten verteidigt.«

N e i n ! R e c h t h a b e n n i c h t a l l e ! Es ist n i c h t gleichgültig, ob man etwas tut, oder etwas unterläßt! Mehr als andere muß man den Wissenschaftsautor tadeln, wenn seine Einstellung irrational ist, und gerade solche Monstrositäten hervorbringen hilft, die angeblich hier angeprangert werden sollen.

I r r a t i o n a l i t ä t bei den Verfechtern exakter Wissenschaft und nüchterner Technik? Das klingt überraschend. Aber wir kommen nicht umhin, bestimmte irrationale Vorstellungen und Verhaltensweisen innerhalb der technischen Intelligenz, und so natürlich auch bei den populärwissenschaftlichen Publizisten zu konstatieren. Gerade der Concorde-Artikel in der Zeitschrift ›AKUT‹ bietet uns einen Ansatzpunkt, dies noch in einem anderen Zusammenhang darzustellen.

An einer Stelle heißt es in durchaus kritischem Tonfall:

»Angesichts dieser Entwicklung suchten die Concorde-Herren nach neuen Motiven für ihren teuren Vogel: in einer Expertise stilisierten sie das Flugzeug zu einer Art Lokomotive für den industriellen Fortschritt.«

Das heißt also: die Resultate sollen in a n d e - r e n, zunächst n i c h t vorgesehenen Gebieten nutzbar gemacht werden: es ist das bekannte Phänomen des technischen »fall-out‹ oder »spin-off«, das die PR-Leute der Wissenschaft immer wieder gerne ins Spiel bringen. So begegnen wir dem »fall-out«-Argument denn auch in den Wissenschaftsmagazinen auf Schritt und Tritt:

»L e i d e r hat sich das u r s p r ü n g l i c h e Forschungsziel als nicht erreichbar, unzweckmäßig, oder sogar gefährlich erwiesen – a b e r: schaut mal her, was dabei s o n e b e n b e i alles herausgekommen ist!« – das ist heute eine der unentbehrlichen Leerformeln des Wissenschaftsjournalisten.

Allgemein bekannt wurde die »fall-out«-Formel durch die Diskussion über den Sinn der Weltraumfahrt. Gerade neuerdings, im Zusammenhang mit den Kürzungen des NASA-Budgets, können wir wieder erfahren, daß von der Bratpfanne bis zum weltweiten Sportfernsehen kaum ein Bereich von der Raumfahrt n i c h t profitiert hat. Für den wissenschaftlich Interessierten bieten die Wissenschaftsmagazine einen etwas wissenschaftlicheren »fall-out« in Form von Wettersatelliten, geologischen Prognosen oder Auffindung von Bodenschätzen.

Aber auch wenn wir von der Raumfahrt absehen, so finden wir zum Beispiel in drei aufeinanderfolgenden Nummern eines Wissenschaftsmagazins Einschlägiges über:

– die Anwendung der natürlichen Samenkonservierung der Fledermäuse für menschliche Samenbanken;

– das Projekt »plowshare« – die Verwendung von Atombomben beim Kanalbau;

– die Wirksamkeit von C o n t e r g a n gegen die Lepra-Krankheit;

– die industrielle Herstellung künstlicher Elemente durch unterirdische Atomexplosionen.

Also immer neue Ideen, um zunächst bedeutungslose – oder, meistens, recht unerfreuliche technische Neuerungen n a c h t r ä g l i c h doch noch einigermaßen sinnvoll zu machen.

Natürlich – das hat es immer gegeben: daß Forscher etwas anderes, oder m e h r fanden, als sie gesucht haben. Aber die besondere publizistische Aufmerksamkeit für den technischen »fall-out« – das W o r t zeugt davon – ist neueren Datums: es ist ein Resultat des schlechten Gewissens in der Wissenschaft. Es ist ein Versuch, sich von dem Vorwurf reinzuwaschen, man habe Reichtümer sinnlos verpulvert – oder, weit schlimmer: man habe Massenmördern als Handlanger gedient – mit den Worten von Brechts *Galilei:* »Ein Geschlecht erfinderischer Zwerge, die für alles gemietet werden können.«

Aber wie ist das »fall-out«-Argument zu verstehen? Es bedeutet doch, daß bei der Planung von großen Projekten – da geht es ja oft um Milliarden – ein gehöriges Maß von Blindheit angebracht ist, denn die Empfehlung v o r h e r kann eine völlig andere sein, als die n a c h t r ä g l i c h e Rechtfertigung!

Es bedeutet ferner: Kein noch so gefährliches Projekt – vor allem im militärischen Bereich (zu dem wir auch die Raumfahrt rechnen müssen) – kann grundsätzlich abgelehnt werden; denn man könnte ja ein folgenreiches »fall-out«-Ergebnis versäumen – und, vor allem: der – natürlich bedenkenlosere – Gegner könnte es erzielen!

Mit r a t i o n a l e r Wissenschaft hat das nicht viel zu tun. S i e will doch möglichst vieles vorhersehbar machen, und mit dem Vorhersehbaren rechnen. Mit U n v o r h e r s e h b a r e m rechnen, oder auch dieses n a c h t r ä g l i c h in die Rechnung einsetzen, ist i r r a t i o n a l. Eine solche Argumentation sollte deshalb dem Wissenschaftler, und dem Wissenschaftspublizisten suspekt sein.

Nicht, daß Zufallsresultate nicht genutzt werden sollten; selbstverständlich müssen sie genutzt werden. Aber: Sie müssen als Zufälle erkannt und gewertet werden – und nicht als eine Art höhere Gerechtigkeit!

Offenbar ist es nicht überflüssig festzustellen: Klares begriffliches Denken muß bei der Wissenschaftsvermittlung unbedingt den Vorzug vor der Anhäufung von Fakten haben. – Das Gegenteil ist freilich die Regel.

Eine amerikanische Zeitschrift hat diese verbreitete Journalisten-Unsitte unter der ironischen Schlagzeile angeprangert:

»Es gibt zwanzig Millionen Bäume in Rußland!«

Spaßeshalber können wir uns ja ein paar fleißige Zahlen und Fakten anhören, mit denen uns Technik und Wissenschaft nähergebracht werden sollen:

»Am 9. November 1970 startete die NASA mit einer vierstufigen Scout-Feststoffrakete von Wallops-Island (Virginia) ein kleines Raumschiff mit zwei je 350 g schweren Ochsenfröschen, um während eines fünftägigen Experiments die Auswirkung völliger und teilweiser Schwerelosigkeit zu studieren.«

Für eine Leserschaft von Ochsenfröschen zweifellos eine aufregende Mitteilung – nach so vielen menschlichen Versuchen!

Und jetzt ein paar Zahlen aus dem schon erwähnten Concorde-Artikel:

»102. Testflug – André Turcat – Prototyp 001 – 2150 Stundenkilometer – 16000 Meter – 2330 Stundenkilometer – 6500 Kilometer – 12,7 Tonnen – 128 Passagiere – 130 Grad Hitze – 16–18 Kilometer – 60 Grad Kälte – 45000 Flugstunden . . .«

Nun – das geben wir zu: Zahlen sind nie besonders kurzweilig; und es gibt ja auch relevante Zahlen, Zahlen die man kennen muß! Aber hier ergeben sie sich – um es wohlwollend zu erklären – einfach aus einem falschen Bild von Objektivität: Schon das t y p o g r a f i s c h e Bild einer solchen Magazin-Story, mit ihren eingerückten, durch besondere Pfeile oder Sterne augenfällig gemachten »fact«-Blöcken, drängt es auf: sie sollen wirken, wie der N i m b u s der Sachverständigen-Koryphäe in einem Schwurgerichtsprozeß. Die »Fakten« bestimmen das Urteil!

Dieses typische Druckbild – es kennzeichnet natürlich nicht nur das W i s s e n s c h a f t s - Magazin – bringt uns zu einer allgemeineren Beobachtung: es gibt etwas Gemeinsames im Aufbau, in der Struktur dieser Texte. Man bemerkt das schon häufig am lay-out: die Magazin-Story wird nach stereotypen Rezepten hergestellt – die Wissenschaftsmagazine machen darin keine Ausnahme. Als Beispiel geben wir ein besonders beliebtes Rezept:

Die Story als Schlagertext

Jeder kennt – auch ohne viel zu denken – den Ablauf in einem deutschen Standard-Schlager. Nach der Instrumental-Ouvertüre beginnt der Gesang mit einer Art Vorgeschichte. Daraus resultiert dann, wie die Antwort auf eine Frage, ein mehr oder weniger überraschender Refrain – zusammen mit der eigentlichen, eingängigen Schlagermelodie.

Also zunächst eine Exposition, die e r z ä h l t wird, darauf ein Resümee, das e x k l a m i e r t wird. Dieses Muster ist ein heruntergekommenes Formelement aus älteren Gattungen der Vokalmusik, aus der geistlichen Kantate zum Beispiel, und natürlich aus der Oper – von dort als Rezitativ und Arie bekannt.

Ein ähnliches Schema unterliegt auch der folgenden Story aus der Zeitschrift ›AKUT‹ unter der Überschrift: »Vergessene Genies«:

»Was der österreichische Augustinermönch dem kleinen Hobby-Forscher-Verein in der böhmischen Provinzstadt vor hundert Jahren erzählte, veränderte die Welt; die Verkündigungen des Kuttenmenschen

▷ erhellten die Hintergründe des bis dahin rätselhaften Versteck- und Verwechselspiels angeborener Merkmale von Tieren und Pflanzen und

▷ schufen die Grundlage für planmäßige Züchtung von Nutzpflanzen und Nutztieren und halfen somit, den Hunger in der Welt zu lindern.

Der Vortrag des Gregor Johann Mendel vor der Naturforschenden Gesellschaft zu Brünn über die Vererbungsgesetze hätte eine wissenschaftliche und agrotechnische Revolution auslösen können.

Doch es kam anders.«

Deutlich war – in dem zur Zeit üblichen Jargon – die erzählende Einführung zu hören, das Rezitativ, genauer: die erste Hälfte! Denn – damit die eigentliche Botschaft auf die nötige Erwartungshaltung des Lesers trifft, läuft unser Vorspann durch zwei gegenläufige Phasen, Aufstieg und Abstieg, oder Hoffnung und Enttäuschung, die so etwas wie eine Klärung oder »Moral« verlangen. »Doch es kam anders« heißt es am Umschlagpunkt; man hört den

Tonfall und den inhaltlichen Gestus der zweiten Hälfte schon im v o r a u s :

»Kein Forscher erkannte die B r i s a n z der neuen Entdeckung . . .«

Jetzt sind wir also – ganz entsprechend dem Schlager-Modell, an dem sich diese Pendelbewegung auch zeigen ließe – beim Refrain, in unserem Fall der B o t s c h a f t, angelangt:

»– Hier ist die schwerste Auswirkung eines Gesetzes am Werke, das der US-Sozialwissenschaftler Merton den ›Matthäus-Effekt‹ nannte – nach dem Spruch des Apostels Matthäus: Wer da hat, dem wird gegeben, daß er in Fülle habe; wer aber nicht hat, dem wird auch genommen, was er hat.« –

– und diese Botschaft des Amerikaners wird nun aus dem Biblischen ins »Wissenschaftliche« übersetzt:

»Wenn ein berühmter und ein unbekannter Wissenschaftler dieselbe Entdeckung machen, erhält der bekannte dafür die meiste – wenn nicht die a l l e i n i g e – Anerkennung, was sein Ansehen weiter steigert.«

Das also ist sozusagen die »Moral« der einleitenden Story vom »Kuttenmenschen« Gregor Mendel – und von da an liefert der Text keine inhaltlich neuen Informationen mehr, sondern

nur noch Variationen: Die hier als »Gesetz«
bezeichnete These wird abwechselnd durch sta-
tistische Erhebung und an Hand beispielhafter
Einzelfälle weiter untermauert.

Nur ganz am Ende muß zünftigerweise noch
einmal eine kleine zusätzliche Information geboten werden – gewissermaßen als inhaltliches
Komplement der abschließend gesenkten Stimm-
lage. Zu diesem Zweck wird mitgeteilt, daß die
Produktivität der berühmten Wissenschaftler –
der Nutznießer dieses sogenannten Matthäus-
Effektes – durch die Nebenwirkungen ihrer
Berühmtheit zurückgeht. Dieser Befund liefert
die für solche Magazinstories – zum Beispiel auch
im ›Spiegel‹ – charakteristische »schlagartige«
Schluß-Pointe:

»Für Nobelpreisträger wurde dieser Brems-
effekt bereits s t a t i s t i s c h nachgewiesen: Die
Produktivität der Wissenschaftler sank s c h l a g -
a r t i g mit dem Tage, an dem sie die begehrte
Trophäe in Empfang nahmen.«

Abgesehen von diesem schematischen Ablauf
lassen sich aus diesem Artikel noch eine Reihe
anderer Merkmale der Technik des Wissenschafts-
journalismus herauslesen: Die Bemühtheit um
einen jugendlich-frischen Ton bis hin zum Gym-
nasiastenjargon; die Aufbereitung der »facts«,

sodaß sie kommentarlos eingesetzt werden können und dementsprechend »objektiv« wirken;
auch eine Art Einheits-Syntax, ein fast vorher-
sehbarer Rhythmus, der dem Lesen keinerlei
Widerstand entgegensetzt.

Der Zufall will es, daß neben diesem Beitrag
ein spaltenlanger Anzeigentext der Münchner
»Schule des Schreibens« herläuft. Unter einem
Foto des absolut zuverlässig wirkenden Pfeifen-
rauchers Hans Helmuth Kirst wird unwiderruf-
lich angekündigt:

»Wir werden Ihr Talent zum Schreiben testen.«

»Ach ja«, seufzt der hoffnungsvolle Leser,
»wer so was könnte! So spritzig möcht ich
auch mal!« – Aber wie gesagt: Es ist nur ein
Zufall.

Wir sollten aber auch hier nicht versäumen,
das Inhaltliche zu bedenken. Was wird denn
da so pompös mitgeteilt? Das bekannte Mat-
thäus-Zitat »von dem, der da hat« bezieht sich
doch zunächst mal auf den ökonomischen
Doppelvorteil der Reichen, die immer reicher
werden! Immerhin wäre es ja einer Erwähnung
wert, daß dieses Gesetz auch ökonomisch
noch heute gilt – zum Beispiel, wie statistisch
erwiesen, in der Bundesrepublik! Daß sich das

Phänomen aus der kapitalistischen Gesellschafts- und Wirtschaftsordnung ergibt, die letzten Endes auf Belohnung der Erfolgreichen für ihren Erfolg hinausläuft, gehört in diesen Zusammenhang.

Ist denn dem Verfasser gar nicht der Gedanke gekommen, daß dieser sogenannte »Matthäus-Effekt« nur der Ausdruck konservativen Bewußtseins ist? »Keine Experimente« scheint paradoxerweise auch die Devise der empirischen Wissenschaftler zu sein, sobald es um die Ergebnisse eines unbekannten Kollegen geht. Man verläßt sich lieber auf den guten Ruf, als auf die sachliche Analyse ohne Ansehen der Person.

Diese Feststellung geht über individuelle Zufälligkeiten hinaus, sie berührt erneut die Frage nach der Rationalität in der sogenannten »Technischen Intelligenz«. Wie es damit bestellt ist, läßt sich unter anderem aus diesem Aufsatz ablesen. Nur der Story-Schreiber möchte sich auf so bedenkliche Schlußfolgerungen nicht einlassen.

Unser Story-Schreiber findet die Ursachen lieber im Menschlichen-Allzumenschlichen, in der Bosheit und Eifersucht alter Männer, also in einem Bereich, in dem sich vermutlich nie etwas ändern wird – jedenfalls nicht aus freier Einsicht. Unser Story-Schreiber ist auch nur wieder einer der vielen Publizisten, die ihre Leser hungrig, durstig und mit der kläglichen Weisheit gehen lassen, daß der Mensch nicht über seinen Schatten springen könne.

Plädoyer für das Utopische
in der Wissenschaft

Ärmliche, vorgeprägte, widerstandslos leerlaufende Sprache, – kurzschlüssiges Werkzeugdenken, Spezialistenbeschränktheit, ermüdende Wiederholungen, Aktualitätshuberei, Faktenhuberei, Unverbindlichkeit, langweilige Conférenciers-Munterkeit, langweilige Herren-Slip-Modernität, Langweiligkeit, Langweiligkeit – wie lange will man uns diese triste Melange eigentlich noch als Wissenschaft verkaufen?

Wissenschaft, vor allem Naturwissenschaft, das bedeutete einmal »Unbotmäßigkeit«, das hieß einmal »Zersetzende Intelligenz gegen das allzu Plausible, gern Geglaubte«, das versprach einmal Befreiung von unerträglichen Zwängen!

Und heute?

Wer würde wohl heute noch für eine wissenschaftliche Wahrheit auf dem Scheiterhaufen brennen?!

Welche wissenschaftliche Entdeckung könnte heute noch in der Öffentlichkeit als Signal des Aufruhrs gegen die etablierte Herrschaft wirken, wie einstmals die Entdeckungen Galileis?

Was man derzeit aus Wissenschaft und Technik hört, läßt einen eher kalt – rote Backen kriegen allenfalls die Bastler, oder die g a d g e t - Freunde, über einen weiteren smarten Konstruktions-Dreh, einen noch kleineren Mini-Laser.

Als V o l k s b e l u s t i g u n g langweilt die neue supertechnische Wissenschaft spätestens beim 5. Mondschuß, während auch der h u n d e r t s t e Schuß von Uwe noch immer die Straßen leerfegt!

Aber so m ü ß t e es nicht sein! Die Wissenschaft ist interessanter, faszinierender als ihr Ruf – als der Ruf, den ihr die Public-Relations-Leute verschafft haben.

Etwas ist verlorengegangen und muß im Bewußtsein der Öffentlichkeit wieder entdeckt werden: das Element der H o f f n u n g – nennen wir es das U t o p i s c h e. Wir verstehen darunter: zusätzliche Freiheitsgrade bei der Betrachtung der Wirklichkeit; kritische Empfindlichkeit gegenüber allzu großer Eleganz, Mißtrauen gegen das beherrschende Prinzip der maximalen Einfachheit. *Volle Entfaltung aller Möglichkeiten des Denkens und der Imagination.*

Damit es kein Mißverständnis gibt, soll ein Verfahren, durch das diese Forderungen bestimmt nicht erfüllt werden, gleich genannt werden: die gängige Art von Science Fiction, wie man sie, »zur Unterhaltung«, ja auch in den Wissenschaftsmagazinen finden kann.

Science Fiction wird ja – vor allem im angelsächsischen Sprachraum – auch von angesehenen Wissenschaftlern produziert, und sie kann deshalb durchaus als die Art von Utopie gelten, die *wissenschaftliche* Billigung findet, die wir sozusagen »mit gutem Gewissen« lesen dürfen.

Aber was bekommen wir unter diesem Etikett vorgesetzt?

»Inmitten eines gewaltigen runden Saales stand unter einer durchsichtigen Kuppel eine Maschine, auf deren oberem Teil der Chef-Kybernetiker genau tausend Knöpfe zählte. Unter jedem Knopf befand sich eine Aufschrift, die der elektronische Dolmetscher der Reihe nach zu übersetzen begann. Unter dem ersten Knopf stand: ›Einleitung‹, unter dem zweiten: ›Einführung‹, danach ›Einleitung zur Einführung‹, dann ›Einführung in die Einleitung‹, ›Allgemeine Grundsätze‹, ›Herkunft‹ und so weiter.

›Jungs‹ rief der Chef-Kybernetiker aufgeregt, ›wir haben unwahrscheinliches Glück. Wenn mich nicht alles täuscht, befindet sich hier unter dieser Kuppel das Elektronengehirn, in dem die gesamte Geschichte des Planeten Zeus aufgespeichert ist.‹

Eine Minute später kam der Historiker ganz atemlos angelaufen. Er sah sich die Maschine an und bestätigte die Vermutung des Chef-Kybernetikers.«

Rührend – nicht wahr? »A–1: Einführender Gedanke, A–2: Überleitender Gedanke – Überschrift: Historische Betrachtung unter besonderer Berücksichtigung der Verständnisschwierigkeiten außerplanetarischer Touristen« – was wäre auch anderes von einem kosmischen Brockhaus zu erwarten, als die triste Pedanterie der wissenschaftlichen Darstellung, wie sie auch auf der Erde in 95 Prozent aller Forschungsmitteilungen vorherrscht!... Sind doch alles nur Menschen – oder? Müssen sich alle an die Spielregeln halten – oder? Wird doch überall nur mit Wasser gekocht!

Es wird nicht bestritten, daß es – etwa von Frank Hoyle oder Isaac Asimov – auch faszinierende Science Fiction-Literatur gibt. Aber unser extremes Beispiel führt – nur auf extreme Weise – die allen diesen Texten gemeinsame

169

Ausdrucksarmut und klischeehafte Denkweise vor. Auch die kühnsten Erfindungen fremder Welten oder fremdartiger Zustände finden keinerlei adäquate sprachliche Darstellung.

Wo wäre da der Geist der Utopie? Welcher Wissenschafts-Autor macht uns bewußt, daß das Neue nicht das aus dem Hergebrachten Extrapolierte sein kann – denn dann ist es nicht neu! Wo in der »Öffentlichen Wissenschaft« gibt es einen Ort für das A-Logische, für die Doppelbödigkeit, für jenes Denken, das sich beispielsweise in den Patentämtern durch immer neue, bizarre Perpetuum-Mobile-Konstruktionen dokumentiert?! Ist es wirklich in unserem Interesse, daß solche Vorstellungen ganz schnell als unvereinbar mit den »Naturgesetzen« abqualifiziert und dem Papierkorb überlassen werden?

Es gibt Anzeichen dafür, daß diese Art von »logischem Reinlichkeitszwang« den Wissenschaftlern und Wissenschaftspublizisten selbst unbehaglich wird. Die Brainstorming-Technik, eine assoziative Methode zur Ideenfreisetzung, hat sich während der letzten zwei Jahrzehnte unter Wissenschaftler-Teams immer weiter ausgebreitet. In Chikago erscheint eine Zeitschrift für ›Nonsense-Wissenschaft‹, in der Bundesrepublik plant der Wissenschaftsjournalist Thomas von Randow ein ähnliches Organ zur Förderung des unorthodoxen Denkens, und zur Attacke gegen »die weitverbreitete Selbstgerechtigkeit von Wissenschaftlern, deren Kniefall vor dem Altar der Statistik oder deren überbordenden Sprachwust.«

Aber das »Brainstorming« war ursprünglich die Erfindung eines Werbemanagers zur Steigerung der Effizienz seiner Reklame-Firma – und diese Herkunft scheint auch bei der Anwendung in wissenschaftlichen Projektgruppen wieder durchzuschlagen: Mißbrauch zur raschen Gewinnung praktischer Resultate verhindert die wirkliche Befreiung. Und Zeitschriften von der oben erwähnten Art gleiten nur allzu leicht ins Skurril-humoristische ab, werden zu einer Sammlung von Anspielungen für eine Ingroup von Fachleuten zur Belebung ihres Feierabends. Wesentliche Aspekte des produktiven Denkens bleiben davon ebenso ausgespart wie bisher.

Wo findet man etwa die adäquate Darstellung einer bedeutenden wissenschaftlichen Leistung? Was geht dabei in den Köpfen vor? Für die Wissenschaftspublizistik sieht das so aus: Ein Problem wird beschrieben, die elegante Lösung wird – eventuell, damit es spannend wird, über ein paar Hindernisse hinweg – angesteuert: Das Resultat als Happy End!

»Na also«, sagt der Leser befriedigt, »warum nicht gleich so!«

Aber weiß er jetzt, was den Forscher getrieben hat? »What makes science tick?«!

Gesucht wird: Der sprachliche Abglanz der Faszination, der Schlaflosigkeit, des schlüpfrigen Anhalts, des quälerischen Zirkels, des Erlebnisses der Evidenz!

Die intellektuelle Motivation des Forschers muß dem Laien begreiflich gemacht werden – nicht nur das dinghafte Endresultat!

»Noch bei D'Alembert, dem Mathematiker und Enzyklopädisten, werden Phantasie und Spekulation, ebenso wie die Kunst, zur schöpferischen Arbeit gerechnet.«

»Über Stephensons Debut läuft folgende wilde Legende: Soeben hat er den ersten fahrenden Kessel aus dem Schuppen gezogen. Die Räder rührten sich, und der Erfinder folgte seinem Geschöpf auf die abendliche Straße. Aber schon nach wenigen Stößen sprang die Lokomotive vor, immer schneller, Stephenson vergebens hinter ihr her. Vom anderen Ende der Straße kam jetzt ein Trupp fröhlicher Leute, hatten sich beim Bier

verspätet, junge Frauen und Männer, ihr Dorf-
pfarrer darunter. Denen rannte das Ungeheuer
entgegen, zischte in einer Gestalt vorüber, die
noch niemand auf der Erde gesehen hatte, kohl-
schwarz, funkensprühend, mit übernatürlicher
Geschwindigkeit. Eine halbe Meile weiter machte
die Straße eine Biegung, grade einer Mauer
entlang; auf diese fuhr die Lokomotive los und
explodierte mit großer Gewalt. Drei von den
Heimkehrenden, wird erzählt, fielen am nächsten
Tag in ein hitziges Fieber, der Pfarrer wurde
irrsinnig.

Nur Stephenson hatte alles verstanden und
baute eine neue Maschine, auf Geleisen und mit
Führerstand.«

»Der Zeitraum, der zwischen Präparation und
der Illumination, dem Einfall, liegt, kann kurz
sein. Im Fall des Nobelpreisträgers Loewi zog er
sich jedoch über 17 Jahre hin. Seine Präpara-
tionsphase begann im Jahre 1903, als ihm in
einer Diskussion mit einem englischen Kollegen
zum ersten Mal der Gedanke einer chemischen
Reizübertragung kam. Plötzlich, im Jahre 1920,
erwachte er nachts mit dem Gefühl, ihm sei etwas
besonders Wichtiges klargeworden. Er versuchte
im Halbschlaf auf einem Fetzen Papier den
Inhalt des Gedankens niederzuschreiben, konnte

jedoch am nächsten Morgen nichts mehr entziffern. Jedoch in der folgenden Nacht, etwa um dieselbe Zeit, kam die Idee erneut ganz klar als Plan zu einem Experiment, das die Hypothese bestätigen oder widerlegen konnte. Loewi stand sofort auf, eilte in sein Labor und führte das Experiment durch, welches seine Hypothese eindeutig bestätigte.«

Drei Zitate von Horkheimer/Adorno, Ernst Bloch und zuletzt – von Ernst Krauch aus seinem Buch *Die organisierte Forschung:* Nicht handliche Erfolgsmeldungen, wonach das Vermißte gefunden sei – beileibe nicht! Was vorgezeigt wurde: eine Einstimmung auf Formen und Inhalte, die zumeist außerhalb des Horizonts der Populär-Wissenschaft zu liegen scheinen! Es geht darin nicht um »Phantasie«, die beliebte Vorstellung vom »Dichterischen«. Nicht allein die Erfindung von Vorgängen, die »nie und nirgends sich begeben«, kennzeichnet die Utopie, sondern die A u s w a h l, die V e r k n ü p f u n g von Wirklichkeitspartikeln – wie etwa in der folgenden Beschreibung einer W e c k e r u h r von Hugh Kenner:

»In jedem Schlafzimmer wird eine Drehbewegung von Daumen und Zeigefinger, die nicht länger dauert als eine halbe Minute, von einer

Feder gespeichert, um die ganze Nacht hindurch und den ganzen nächsten Tag lang als gleichmäßig abgegebene Energie von einem Satz von Zahnrädern (die irgendwo im Alpengebiet fabriziert werden) wieder freigesetzt zu werden, damit alle anderen Tätigkeiten zeitlich aufeinander abgestimmt werden: Weil Stücke Materie, zum Beispiel zwei Straßenbahnen, nicht gleichzeitig denselben Raum einnehmen können.«

Hugh Kenner ist ein Kunst- und Literaturhistoriker, der besonders anschaulich und nachdrücklich den utopischen Zug der Naturwissenschaften in Zusammenhang mit der gesamten neueren Kulturgeschichte bringt. Unter den von ihm betrachteten Qualitäten wollen wir eine herausgreifen, die der Sprache der Wissenschaften – wie wir meinen – in besonders fatalem Maß abhanden gekommen ist – und dies vor allem im deutschen Sprachraum:

Die »verborgene Satire« oder »verdeckt ironische Mitteilung«, das, was im Englischen mit »tongue in cheek« gemeint ist.

Es ist ein Ausdruck, dessen deutsches Äquivalent schwer zu finden ist. »tongue in cheek«, das bedeutet zum Beispiel: »Es ist nicht ohne weiteres erkennbar, ob eine Mitteilung so gemeint ist, ob ein Beiwort bewußt übertrieben ist, ob der Schreiber selbst an das Mitgeteilte glaubt.« Die Sprachtechnik des »tongue in cheek« ist ein typisches Element vieler bekannter angelsächsischer Utopisten, angefangen mit Swifts *Gullivers Reisen,* oder seinem Essay *Ein bescheidener Vorschlag,* bis zu H. G. Wells, Aldous Huxley und sogar bis Orwells *1984.* Innerhalb der Sprache verwischen sich die Grenzen von »Fiktion« und »Realität«, oder, genauer gesagt: der Unterschied wird immer differenzierter, sodaß mit zunehmender Sprachverfeinerung immer genauer hingehört werden muß, um die Grenze d o c h n o c h auszumachen.

Übrigens handelt es sich nicht nur um ein sprachliches Phänomen: Jede menschliche Äußerungsweise kann diese Dimension erhalten – sie spielt zum Beispiel eine wesentliche Rolle in der modernen Kunst, etwa in der Pop-Art, die man geradezu als eine v o m B e t r a c h t e r hervorgebrachte Kunst ansehen kann. Im Grenzfall kann hier am K u n s t o b j e k t überhaupt nicht mehr ablesbar sein, ob es »ernst« oder »ironisch« gemeint ist: Das Objekt bekommt den sonderbar »undurchdringlichen« Charakter von Andy Warhols Campbell's Tomatosoup-Dosen.

Und weil wir gerade dabei sind – warum

hören wir nicht mal eine kleine Überlegung des englischen Kybernetikers Alan Turing über die künstliche Herstellung menschenähnlicher Intelligenz durch die »Erziehung von Computern«?:

»Vermutlich ist das kindliche Gehirn so etwas wie ein Notizbuch, wie man es beim Schreibwarenhändler kaufen kann. Wenig Mechanismus und eine Menge leerer Blätter. (Mechanische Funktionen und Schreiben sind von unserem Standpunkt aus fast synonym). Unsere Hoffnung besteht darin, daß es in einem kindlichen Gehirn so wenig vorgeprägte mechanische Funktionen gibt, daß man sie leicht einprogrammieren kann. Der Arbeitsaufwand bei der Erziehung – der Maschine – ist, so können wir in einer ersten Überschlagsrechnung annehmen, etwa derselbe wie für ein menschliches Kind.«

Maschinen-Kinder und lebende Notizbücher: Was an diesem Text interessiert, ist nicht nur der utopische »Inhalt«. Ob es sich hier um ein »ernsthaftes Vorhaben« – oder um eine Satire à la Swift handelt, ist nicht nur wegen der möglichen Folgen bedeutsam: Die Entscheidung für die eine oder die andere Möglichkeit bedeutet auch so etwas wie Erlösung: Dieser Schwebezustand eines Textes zwischen Fiktion und Wirklichkeit ist ja ein »verbotener« Zustand –

denn eine »halbe Wirklichkeit« kann es nicht geben, oder sagen wir: sie ist unvorstellbar.

Gerade dieses »Unvorstellbare« ist eine Eigenart der wahren Utopie. Es hat auch in der modernen Wissenschaft, vor allem in der Physik eine große Bedeutung: Die Feststellung solcher Zustände war der Beginn der neuen Physik. Und: Sie sind durchaus nicht »jenseits der Sprache«, sondern werden in gewisser Weise durch Sprache erst möglich!

Zwischen Fiktion und Wirklichkeit im »Utopischen Zustand« befindet sich auch *Alice hinter den Spiegeln* von Lewis Carroll, der wohl nicht zufällig auch ein Mathematiker war:

»Und jetzt, Mieze, wollen wir einmal überlegen, wer eigentlich das Ganze geträumt hat. Ich meine es ernst damit, hörst du, und du sollst dir dabei nicht immer weiter die Pfoten lecken – als ob Suse dich nicht schon heute früh gewaschen hätte! Denn siehst du, Mieze, einer muß es ja gewesen sein, entweder ich oder der schwarze König. Er kam in meinem Traum vor, gewiß – aber ich doch auch in dem seinen!«

»Du sollst dir nicht immer die Pfoten lecken« – Lewis Carroll erkannte sehr deutlich, daß die verkürzende, widerspruchsfreie Wirklich-

keitsbeschreibung auch nur eine Form des R e i n -
l i c h k e i t s t r a i n i n g s ist, dessen gesellschaftliche Funktion als Herrschaftsinstrument heute
feststeht. Rationale Einseitigkeit – eine s a u b e r e
Gesinnung und politische Fügsamkeit – wir werden auf diesen Zusammenhang noch einmal
zurückkommen müssen. Schließlich ist die Utopie
kein Fenster mit Ausblick auf ein besseres, rosi-
geres Jenseits. Die Utopie muß uns zeigen, daß
Hoffnung vom Schrecken nicht zu trennen ist.
Zum Beispiel: Wissenschaft und Technik den
Menschen dienstbar machen – das kann auch die
U m k e h r u n g dieses Satzes bedeuten – wie Lars
Gustafsson schreibt:

»Die Maschine beunruhigt uns auf ähnliche
Weise wie die Idee des Gespenstes: Etwas Leb-
loses bewegt sich und lebt, das heißt: es simuliert
Leben. – Eine Erfahrung, die uns nötigt, diese
Hypothese ins Auge zu fassen: die Möglichkeit
nämlich, daß wir bloße Marionetten sind, mechanische Puppen, Homunculi. Und daraus folgt
unvermeidlich die Frage: Wenn dies so wäre,
würde es einen Unterschied machen?«

Technik und Wissenschaft sind also wahrhaft
unerschöpfliche Gegenstände, wenn sie in die
rechten Hände kommen. Aber wie interessant,
wie facettenreich sie sind, ergibt sich erst mit der

denkerischen Durchdringung, und durch die Angemessenheit der Sprache, die zur Vermittlung aufgewandt wird. Das Wissenschafts-positivistische Weltbild hat uns die Wahrheit versprochen: durch bloßes Nennen, durch bloßes Aneinanderreihen von Tatbeständen. Ob das Versprechen eingelöst wird, ist schon egal: der Preis ist jedenfalls zu hoch. Positivismus bedeutet: die fortgesetzte Verarmung der Anschauungsformen – die Welt wird entleert, wenn die »Probleme gelöst« werden. Er bedeutet Kümmerlichkeit, trostlose Eingleisigkeit im Umgang mit Worten und Sachen. Und wie es mit der objektiven Wahrheit bestellt ist, die wir uns dafür einhandeln sollen – das wäre erst noch zu untersuchen.

Für den Fall, daß es nicht längst deutlich geworden ist: Hier wird nicht Partei für ein humanistisches Kultur-Ideal von gestern ergriffen. Nur allzu gern möchten die Publizisten der »Öffentlichen Wissenschaft« ihre fehlende Resonanz und das vermißte Prestige einseitig einem reaktionären Establishment anlasten – um sich selbst dadurch zu Propheten des wahren Fortschrittes hochzustilisieren. Wir sind nicht die Anwälte dessen, was Karl Steinbuch in seinen Büchern die

»Hinterwelt« nennt, sondern wir plädieren für eine Haltung, die derselbe Autor folgendermaßen beschreibt:

»Keine Loyalität, sondern rationaler Widerstand.« Widerstand – auch gegen die bequeme Anpassung an den naturwissenschaftlichen Denkschematismus, der für die Öffentlichkeit schon fast identisch mit der »Wissenschaft« selbst geworden ist. Wir plädieren für die Offenheit der Wissenschaft und ihrer Vermittler gegenüber allen kreativen Möglichkeiten!

Anstatt sich zu beklagen, daß die Öffentlichkeit, und vor allem die sogenannte »Gebildete Welt«, keinen Begriff von der Naturwissenschaft hätten, daß etwa – wie C. P. Snow feststellte – die Schriftsteller keine Ahnung von den »Hauptsätzen der Thermodynamik« hätten, sollte man lieber feststellen, daß die Mehrheit der Naturwissenschaftler und das Gros der Wissenschaftspublizisten einen mindestens ebenso beschränkten Horizont haben!

Es ist offenkundig, daß dieser Vorwurf über die populärwissenschaftliche Journalistik hinaus, an die Zunft der Naturwissenschaftler selbst gerichtet werden muß. Die Beschränktheit der Wissenschaftsmagazine reproduziert eben die

Beschränktheit ihrer Informationsquellen. Aus den zitierten Textausschnitten ließ sich schon erkennen, daß Sprache und Ästhetik sich bestenfalls am Stand der Jahrhundertwende orientieren. Auch persönliche Erfahrungen an deutschen Hochschulen und in den Labors der Industrie lassen sich so zusammenfassen: Unter Dutzenden von Technikern und naturwissenschaftlichen Akademikern trifft man kaum einen, der etwa mit dem Entwicklungsstand der Literatur, der bildenden Kunst oder der Philosophie vertraut wäre – oder der sich auch nur dafür interessierte! Gang und gäbe sind dagegen reaktionäre Urteile etwa von der Art, daß »die modernen Künstler ihr Publikum verhöhnen«, oder »daß die *Blechtrommel* ein schweinisches Buch sei.« Für den Durchschnittsnaturwissenschaftler existiert außerfachliche Kultur bestenfalls als Feiertagsvergnügen. Der akzeptierte Entwicklungsstand kann durch die Namen »Van Gogh – Debussy – Thomas Mann – Schopenhauer« bezeichnet werden.

Erbittert, aber klarsichtig, wird das von Theodor W. Adorno formuliert:

»Den Positivisten dient er – der Begriff Kunst – als Mülleimer für alles, was der eingeschränkte Wissenschaftsbegriff aussperren will, der doch, da er ja das Geistesleben nur allzu willig als Tatsache hinnimmt, zugestehen muß, daß geistige Erfahrung nicht mit dem sich erschöpft, was er toleriert. Im positivistischen Kunstbegriff wird der Nachdruck auf vermeintlich freie Erfindung fiktiver Wirklichkeit gelegt. Sie war in Kunstwerken stets sekundär, tritt heute in Malerei und Literatur gänzlich zurück. Dafür wird die Teilhabe von Kunst an Erkenntnis: daß sie Wesentliches auszudrücken vermag, was der Wissenschaft entgleitet, und dafür ihren Preis zu zahlen hat, verkannt, oder vorweg bestritten.«

Daß für den Wissenschafts-Journalismus der Kultur-Pegel kaum höher steht, und auch die Methoden seiner Vermittlertätigkeit entsprechend anachronistisch sind, kann also nicht verwundern. Es ist ihr Opfer für

Die vollkommen begriffene Welt

Es wird kaum ausgesprochen – im allgemeinen wird es demütig als »aktuelle Informationspflicht« beschrieben –, doch der Wissenschaftsjournalist versteht seine Aufgabe nicht als eine Spezialform der üblichen Nachrichten-Vermittlung; er versteht sie als Aufklärung im Dienst

einer höheren Wahrheit. Über alle wechselnden
Hypothesen, über das bloß Empirische hinaus,
wird eine bleibende, zeitlose Erkenntnis ange-
strebt – was sonst könnte der letzte Grund
der wissenschaftlichen Bemühung sein? Wenn auch
nicht an den Besitz der absoluten Wahrheit,
so wird der Wissenschaftsautor doch daran
glauben, daß die von ihm vertretene Erkennt-
nismethode allen anderen an Zuverlässigkeit
überlegen sei.

Selbstverständlich können wir in diesem Rahmen die erkenntniskritische Problematik der wissenschaftlichen Wahrheit auch nicht annähernd
darstellen. Aber wenigstens ein Zeuge in dieser
Sache soll hier zitiert werden, der Physikochemi-
ker Professor Hans Sachse, der in einem Aufsatz
unter der Überschrift *Die Erkenntnislehre der
modernen Naturwissenschaft* folgendes schrieb:

»In naivem Optimismus hatte das 19. Jahrhundert gemeint, die Naturwissenschaft könne
die Wirklichkeit, so wie sie wirklich auch ist, in
sicherem, stetigen Fortschritt erfassen. – Die
Wissenschaftstheorie hat die methodischen Vor-
aussetzungen, die der wissenschaftlichen Arbeit
zugrundeliegen, durchdacht. Im Ergebnis sind
wir heute zu der Auffassung gekommen, daß wir
uns aufgrund unserer Beobachtungen nur ein

Modell von der Natur machen können, ein Modell, von dem verlangt wird, daß es dem Teil der Natur, der unserer Beobachtung zugänglich ist, in vereinfachter und abstrahierter Weise entspricht.

Man verwendet hier gerne bei der Analyse komplizierter Systeme die sogenannte Blackbox-Methode. Da man nicht in das System hineinschauen kann, betrachtet man es als einen schwarzen Kasten, und beschränkt sich auf die Feststellung der Beziehungen zwischen den Eingangs- und den Ausgangsgrößen. – Im Grunde ist die Blackbox-Methode ein Bild für das moderne naturwissenschaftliche Denken überhaupt. Der schwarze Kasten – das ist die Wirklichkeit, und wir beschränken uns darauf, den Teil der Beziehungen, der rational faßbar ist, in einer logischen Ordnung darzustellen.«

Und schließlich kommt in der Analyse das Problem der Aussagekraft und der Eindeutigkeit des wissenschaftlichen Verfahrens zur Sprache:

»Gibt es nur ein einziges Modell für einen Sachverhalt, oder sind auch mehrere möglich und denkbar? Bereits Ludwig Boltzmann hat gegen Ende des 19. Jahrhunderts geäußert: »Es ist sogar die Möglichkeit zweier ganz verschiedener Theorien denkbar, die beide gleich einfach sind und mit den Erscheinungen gleich gut stimmen, die also, obwohl total verschieden, beide gleich richtig sind.« – Wir wissen heute, daß die Möglichkeit gleichwertiger Theorien nicht auszuschließen ist – beziehungsweise, daß ein Beweis für die ausschließliche Richtigkeit nur einer Theorie nicht zu erbringen ist.« Es hat den Anschein, als seien die Wissenschaftler selbst ziemlich skeptisch bezüglich des Erkenntniswertes der Wissenschaft. Und skeptisch sind wir alle mit gutem Grund gegen viele vorgebliche Inhaber letzter Wahrheiten.

Umso mehr interessieren uns die näherliegenden Fragen nach der Nützlichkeit, nach technischer Brauchbarkeit für ein besseres, ein menschlicheres Dasein.

Leider kann man auch in dieser Hinsicht keine besonders flammende Verteidigungsrede halten.

Besser? Menschlicher? Die Geschichte des 20. Jahrhunderts ist nicht gerade ein Dokument der Menschheitsbeglückung durch die Wissenschaft! Sie ist schon eher das Gegenteil! Schon fällt es schwer, einen wissenschaftlichen Bereich zu finden, in dem der Fortschritt nicht zugleich Anlaß für schwere Befürchtungen ist! In großen Zusammenhängen gesehen gewinnt man den Eindruck, daß weitere wissenschaftliche Entwicklungen nur noch insofern Fortschritte sind, als sie zur Überwindung von Zwangslagen dienen können, die die Wissenschaft vorher selbst erzeugt hat! – Wer riskiert einen Blick in die Zukunft?

Wissenschaftler vom wütenden Mob gelyncht!

Wer hat das Flugzeug erfunden, das Auto, die Rakete, die Automation, den Geschwindigkeitsrausch, die ganze stupide Plastik-Zivilisation?

Die Wissenschaftler!

Wer hat den Himmel verdunkelt, wer hat die Erde vergiftet, wer hat das Wasser krank gemacht?

Die Wissenschaftler!

Wer hat unser Leben verlängert und hat damit nur unsere Ängste und unseren Lebensekel verlängert?

Die Wissenschaftler!

Wer hat uns Licht und Vernunft versprochen und hat uns stattdessen hungrig und durstig zwischen Meßdaten, Statistik und Regelkreisen ausgesetzt?

Die Wissenschaftler!
Seht mal – da drüben rennt einer!
Wissenschaftler vom wütenden Mob gelyncht!

Während die Wissenschaftspublizistik noch dabei
ist, die geringe Aufmerksamkeit zu beklagen, die
die Öffentlichkeit für Naturforschung und Technik übrig hat, vollzieht sich längst eine ganz
andere, wahrscheinlich viel einschneidendere Entwicklung. Die empirische Wissenschaft wird in
der Öffentlichkeit nicht nur als eine bedeutende
Macht erkannt, sondern sie manövriert sich –
ohne es selbst zu erkennen – bereits in die Lage
eines allgemeinen Sündenbocks.

Fast ebenso schnell, wie ein Zeitgenosse die
Details dieser für ihn so folgenreichen Wissenschaft begreifen lernt – immer dank der einschlägigen Vermittler –, fast ebenso schnell muß er
auch einsehen lernen, daß diese mächtige Einrichtung einer öffentlichen Kontrolle entzogen ist.
Unser Zeitgenosse, der in einer Demokratie lebt,
kann – sagen wir: günstigenfalls – einen
gewissen Einfluß darauf haben, ob in seinem
Land eine vernünftige Politik gemacht wird. –
Ganz und gar unzuständig aber ist er, wenn es
darum geht, ob seine Nahrung vergiftet, seine
Luft noch atembar, oder die Erbmasse seiner

Kinder nach »höheren« Gesichtspunkten mani-
puliert sein wird.

Aber was auch immer der zeitgenössische Laie
darüber denkt – auf den Wissenschaftsjournalisten ist immer Verlaß: »right or wrong – my
country«! Bei drohender Gefahr, daß wissenschaftliche Entscheidungen vielleicht doch mal ein
wenig außerwissenschaftlich kontrolliert
werden könnten, muß der Publizist – etwa der
sonst so unorthodoxe Thomas von Randow –
vor den drohenden Folgen warnen:

»Es fällt dem jungen Professor nicht leicht,
die Arbeitsgruppe zu verlassen, die sich während
seines Ordinariats zusammengefunden hat. Doch
einer Forschung, deren Planung von Leuten regu-
liert wird, die von der Materie nichts verstehen,
gibt er wenig Erfolgschancen. Physiker können
sich in den relativ kurzen kreativen Phasen ihres
Lebens keinen Leerlauf leisten.«

Physikern – wie Sportlern, die nur bis 30 Re-
korde brechen können – soll niemand ihre Hoch-
leistungs-Lust beschneiden, scheint Herr von
Randow sagen zu wollen, denn niemand – außer
sie selbst – kann ihre Qualitäten abschätzen.
Zwar muß man zugeben, daß die *späteren Auswirkungen* dieser sensiblen Kreativität alles
andere als subtil und exklusiv sind – aber, o b

das eintritt, kann ja doch niemand vorhersagen!

Resignierend meint Herr von Randow, Mißbrauch sei eben nie auszuschließen!

Aber: ganz so abgründig sind die Verhältnisse wohl doch nicht: daß der Forscher zwar die allein urteilsfähige Instanz sei, solange sein Projekt nur ein intellektuelles Glasperlenspiel ist – dann aber, am Ende der Blackbox, plötzlich von außerwissenschaftlichen Kräften mißbraucht würde; es will uns scheinen, als könnte hier eine Dunkelzone durch etwas mehr Rationalität schon aufgehellt werden.

Was eine zunächst außenstehende, später aber umso stärker betroffene Gesellschaft erwarten kann, ist eine möglichst weitgehende, und laufend dem Stand eines potentiellen Mißbrauchs angepaßte Kontrolle. Bei einer solchen Einrichtung wäre es eben die Rolle der Wissenschaftspublizistik, der Öffentlichkeit die dazu nötigen Informationen zu vermitteln und verständlich zu machen. Es wäre eine erweiterte Mittlerfunktion, nämlich zwischen:

Es wird jetzt niemanden mehr wundern, daß auch in dieser Hinsicht viel nachzuholen ist. Sachliche Informationen werden ja viele geboten – nur nicht über die politische Haltung der Wissenschaftler – wenn es nicht gerade Russen sind!

Wo las man in der Wissenschaftspresse etwa über politische Aktionen von Linus Pauling oder Bertrand Russell, die doch gewiß einige Aufmerksamkeit verdient hätten! Vielleicht haben wir das übersehen.

Oder sollte man in den Redaktionen bemerkt haben, daß ein politisches Engagement dieser Art und Intensität für die große Zukunft der Naturwissenschaftler ziemlich u n t y p i s c h ist?

In der Tat spricht das Wenige, was über politische Meinungsäußerungen von Wissenschaftlern an die Öffentlichkeit dringt, ja eher dafür, daß sie überwiegend unpolitisch oder eher konservativ denken. Von den großen technisch-wissenschaftlichen Projektgruppen nach dem letzten Weltkrieg, wie derjenigen Edward Tellers, in der die Wasserstoffbombe entwickelt wurde, oder von den Zentren der NASA ist die konservative Tendenz wohlbekannt. Sie ist vielfach in der

Presse nachzulesen – allerdings n i c h t in der populärwissenschaftlichen Presse!

Auch das Verhalten von Naturwissenschaftlern gegenüber der Studentenbewegung in vielen Einzelfällen, und die relative Verzögerung, mit der die Demokratisierung in den naturwissenschaftlichen Instituten eingesetzt hat, spricht nicht gerade für ein besonders progressives politisches Bewußtsein. So wird man sich auch nicht wundern, daß in den Wissenschaftsmagazinen so gut wie gar nicht über die Lage an den Universitäten, die starken Spannungen und Diskrepanzen berichtet wird, obgleich das für die n a t u r w i s - s e n s c h a f t l i c h e F o r s c h u n g außerordentlich e i n s c h n e i d e n d i s t.

Wir haben diesen Bericht mit den Klagen einschlägiger Autoren begonnen, »das große Publikum interessiere sich nicht für die Wissenschaft«. Könnte es nicht vielmehr so sein, daß das Publikum sich n u r nicht für die z e n s i e r t e und g e - r e i n i g t e A u s w a h l interessiert, die die Wissenschaftspublizistik ihm anbietet?

Daß zwischen Spezialisierung und Beschränktheit kein großer Abstand liegt, hat unser Gewährsmann Gulliver auf *Laputa* schon vor 250 Jahren bemerkt:

»Obwohl ich nicht sagen könnte, daß ich auf

dieser Insel schlecht behandelt worden wäre, so fand ich doch, daß ich ein wenig zu sehr vernachlässigt wurde, und zwar nicht einmal ohne Verachtung. Denn weder Fürst noch Volk schienen auf irgendeinem Gebiet der Gelehrsamkeit außer in der Mathematik und der Musik wißbegierig zu sein – und darin war ich ihnen bei weitem unterlegen.«

Daß inzwischen manche Wissenschaftler angesichts einer von ihnen unkenntlich gemachten Welt sogar an eine noch weitergehende Selbstbeschränkung denken, erfährt man in einem selbstkritischen Aufsatz in der Zeitschrift ›AKUT‹:

»Sollte vielleicht die höchste Verpflichtung der Wissenschaftler gegen die Gesellschaft darin liegen, daß sie aufhören, Forscher zu sein?«

– Was aus dem Munde eines Wissenschaftlers, des Biologen Siekewitz, immerhin eine verblüffende Äußerung ist. Dennoch wollen wir die Hoffnung nicht fahren lassen, daß diese Wissenschaft zwischen Hybris und Verzweiflung d o c h e i n m a l Sprache und Stimme finden werde, die Mittel der Veränderung – und die Mittel der Erkenntnis, um diese Menschengesellschaft ein wenig menschlicher machen zu helfen.

Nachbemerkung

Die meisten Aufsätze dieses Bandes sind aus Rundfunkarbeiten hervorgegangen, und nur insoweit verändert worden, als es für das Verständnis notwendig ist. Der Aufsatz über Marshall McLuhan entstand 1969, auf dem Höhepunkt seiner Popularität. Inzwischen ist sein kulturhistorisches Hypothesengebäude, gewiß infolge einiger modischer Elemente mit schneller Abnutzbarkeit, fast allzusehr in Vergessenheit geraten. Die Arbeit über Ring Lardners Grotesk-Theater entstand 1970. Sie basierte auf einer deutschen Ausgabe der »Volksdada«-Stücke, die in kleiner Auflage im Frankfurter Kleinverlag PATIO erschienen war und längst vergriffen ist. Noch immer gibt es keine allgemein zugängliche deutsche Ausgabe dieser Lardnertexte und auch der dort erwähnten zeitkritischen Essays. Der Wissenschaftsessay *Das Neueste aus Laputa* entstand 1971. Das Spektrum der Wissenschaftszeitschriften hat sich seitdem beträchtlich erweitert, es gibt wesentlich mehr Darstellungen, die wissenschaftliche Fragen auf anregende und zugleich sachliche Weise vermitteln; insbesondere gilt dies für die Zeitschriftenserie ›. . . in unserer Zeit‹ (›Chemie in unserer Zeit‹ etc.) und für den ›Scientific American‹ in deutscher Ausgabe. Zugleich ist jedoch die kritische Einstellung gegenüber den Naturwissenschaften heute deutlicher und anspruchsvoller geworden, sodaß der Abstand zwischen öffentlicher Nachfrage und popularwissenschaftlichem Angebot noch immer groß ist. Einige in dem Aufsatz vertretene Thesen sind daher nach wie vor gültig. *Besuch bei Thoreau* entstand 1978 nach einer Reise in die USA und nach Concord, Mass. Im deutschen Sprachraum sind einige wichtige Texte von D. H. Thoreau, insbesondere aus seinen Tagebüchern, noch immer nicht erhältlich. Der Essay soll hier einen Anstoß geben. Der Aufsatz über Stephen Crane wurde 1979 geschrieben, im Zusammenhang mit einer Neu-Übersetzung der wichtigsten Prosaarbeiten dieses Autors, die demnächst im Diogenes Verlag erscheinen wird.

W.E.R.

Walter E. Richartz
im Diogenes Verlag

Meine vielversprechenden Aussichten
Erzählungen (1966)

Prüfungen eines braven Sohnes
Erzählung (1966)

Tod den Ärtzten
Roman. detebe 26 (1969)

Noface – Nimm was du brauchst
Roman (1973)

Das Leben als Umweg
Erzählungen. detebe 116 (1976)

Büroroman
detebe 175 (1976)

Shakespeare's Geschichten
Sämtliche Stücke von William Shakespeare,
nacherzählt von Walter E. Richartz und Urs Widmer (1978)

Der Aussteiger
Angestelltenprosa (1979)

Außerdem Übersetzungen von Lewis Carroll,
Raymond Chandler, Stephen Crane, F. Scott
Fitzgerald, Dashiell Hammett, Patricia
Highsmith, H. D. Thoreau u. v. a.

Amerikanische Literatur
von Edgar Poe bis Harold Brodkey
im Diogenes Verlag

Moskitos
Roman. Deutsch von Richard K. Flesch.
detebe 30/16

Wendemarke
Roman. Deutsch von Georg Goyert.
detebe 30/17

Die Freistatt
Roman. Deutsch von Hans Wollschläger.
Ein Diogenes Sonderband

Über William Faulkner
Essays, Aufsätze, Rezensionen von und über
Faulkner. Mit Zeichnungen, Chronik und
Bibliographie. Herausgegeben von Gerd
Haffmans. detebe 54

NATHANAEL WEST (1903–1940)
Schreiben Sie Miss Lonelyhearts
Roman. Deutsch von Fritz Güttinger.
Vorwort von Alan Ross. detebe 40/1

Tag der Heuschrecke
Roman. Deutsch von Fritz Güttinger.
detebe 40/2

Eine glatte Million
oder Die Demontage des Mister
Lemuel Pitkin
Roman. Übersetzt und mit einem Nachwort
von Dieter E. Zimmer. detebe 40/3

ROSS MACDONALD (*1915)
Durchgebrannt
Roman. Deutsch von Helmut Degner.

Geld kostet zuviel
Roman. Deutsch von Günter Eichel.

Die Kehrseite des Dollars
Roman. Deutsch von Günter Eichel.

Der Untergrundmann
Roman. Deutsch von Hubert Deymann.

Dornröschen war ein schönes Kind
Roman. Deutsch von Wulf Teichmann.
detebe 99/1

Unter Wasser stirbt man nicht
Roman. Deutsch von Hubert Deymann.
detebe 99/2

Ein Grinsen aus Elfenbein
Roman. Deutsch von Charlotte Hamberger.
detebe 99/3

Die Küste der Barbaren
Roman. Deutsch von Marianne Lipcowitz.
detebe 99/4

Der Fall Galton
Roman. Deutsch von Egon Lothar Wensk.
detebe 99/5

Gänsehaut
Roman. Deutsch von Gretel Friedmann.
detebe 99/6

Der blaue Hammer
Roman. Deutsch von Peter Naujack.
detebe 99/7

Sämtliche Detektivstories
Mit einem Aufsatz des Autors. Deutsch von
Hubert Deymann. Ein Diogenes Sonderband

MARGARET MILLAR (*1915)
Liebe Mutter, es geht mir gut
Roman. Deutsch von Elizabeth Gilbert.
detebe 98/1

Die Feindin
Roman. Deutsch von Elizabeth Gilbert.
detebe 98/2

Fragt morgen nach mir
Roman. Deutsch von Anne Uhde.
detebe 98/3

Ein Fremder liegt in meinem Grab
Roman. Deutsch von Elizabeth Gilbert

Die Süßholzraspler
Roman. Deutsch von Georg
Kahn-Ackermann

Von hier an wird's gefährlich
Roman. Deutsch von Fritz Güttinger

CARSON MCCULLERS
(1916–1967)
Wunderkind
Erzählungen I. Deutsch von Elisabeth
Schnack. detebe 20/1

Madame Zilensky und der
König von Finnland
Erzählungen II. Deutsch von Elisabeth
Schnack. detebe 20/2

Die Ballade vom traurigen Café
Novelle. Deutsch von Elisabeth Schnack.
detebe 20/3

Wissenschaft

und Science Fiction

im Diogenes Verlag

Deutsche Literatur
im Diogenes Verlag

JÜRGEN LODEMANN
Anita Drögemöller und Die Ruhe an der Ruhr
Roman
Lynch und Das Glück im Mittelalter
Roman
Familien-Ferien im Wilden Westen
Ein Reisetagebuch
Im Deutschen Urwald
Essays, Aufsätze, Erzählungen

HEINRICH MANN
Liebesspiele
Erzählungen

THOMAS MANN
Der Bajazzo
Erzählungen

LUDWIG MARCUSE
Philosophie des Glücks
Von Hiob bis Freud
Sigmund Freud
Biographie
Argumente und Rezepte
Aphorismen
Ignatius von Loyola
Biographie
Das denkwürdige Leben des Richard Wagner
Biographie
Mein zwanzigstes Jahrhundert
Autobiographie I
Nachruf auf Ludwig Marcuse
Autobiographie II
Ludwig Börne
Biographie
Heinrich Heine
Biographie
Essays – Porträts – Polemiken

FANNY MORWEISER
Lalu lalula, arme kleine Ophelia
Erzählung
La vie en rose
Roman

Indianer-Leo
Geschichten
Ein Sommer in Davids Haus
Roman

W. E. RICHARTZ
Meine vielversprechenden Aussichten
Erzählungen
Prüfungen eines braven Sohnes
Erzählung
Tod den Ärtzten
Roman
Noface – Nimm was du brauchst
Roman
Büroroman
Das Leben als Umweg
Erzählungen
Shakespeares Geschichten
Der Aussteiger
Prosa
Vorwärts ins Paradies
Aufsätze

HERBERT ROSENDORFER
Der Ruinenbaumeister
Roman
Der stillgelegte Mensch
Erzählungen
Deutsche Suite
Roman
Großes Solo für Anton
Roman
Skaumo
Erzählung
Über das Küssen der Erde
Essays und Erzählungen

HERMANN HARRY SCHMITZ
Buch der Katastrophen
Geschichten

ARTHUR SCHNITZLER
Spiel im Morgengrauen
Erzählungen